DE SUEÑOS A DESTINO:

Una Guía Práctica para Alcanzar tus Aspiraciones

Claudia Vázquez

De Sueños a Destino:

Una Guía Práctica para Alcanzar tus Aspiraciones

Impreso en los Estados Unidos de América

ISBN: 979-8-999-0595-0-5
LCCN: 202 5911051

Este libro está dedicado a la querida constelación de personas que forman parte de mi vida: mi esposo desde hace tres décadas, Paco, cuyo apoyo inquebrantable y amor ilimitado me brindan estabilidad y una perspectiva objetiva; nuestros tres hijos, Francisco Axel, Enzo Alberto e Ian Adonay, que han iluminado mi existencia, me han hecho sentir lo que es el amor incondicional y me han permitido conectar con mi auténtico yo. A mi tribu, mi madre, mi hermana y mi sobrino, a mi familia extendida, a mis amigos íntimos y los mentores que me han apoyado sin condiciones. Su presencia en mi vida me ha convertido en la persona que soy.

Contenido

AGRADECIMIENTOS

La gratitud —el acto de reconocer y valorar a quienes nos rodean— es, sin duda, la base del camino hacia el éxito. En el libro *Today's Inspired Latina, Volumen 5,* donde tuve el honor de compartir mi historia, comencé con una cita que ha guiado mi vida: **«Rodéate de aquellos que creen en la belleza de tus sueños».**

Esa poderosa frase resume la esencia de este libro y de mi propio viaje. Este proyecto ha estado en mi corazón durante las últimas tres décadas. Verlo materializado no habría sido posible sin el apoyo inquebrantable de personas excepcionales.

Mi más sincero agradecimiento a **Jacqueline Camacho Ruiz**, cuya energía contagiosa, pasión desbordante y visión sin límites fueron el motor que impulsó este proyecto en su versión original en inglés. Su constante aliento y liderazgo marcaron la diferencia y me inspiraron a seguir adelante incluso cuando el camino parecía desafiante. Asimismo, deseo reconocer y agradecer a **Alejandro Capitto Velasco**, a quien admiro profundamente. Amigo leal, ávido lector y editor comprometido de la versión en español, su dedicación, esmero y talento fueron clave para que esta publicación cobrara vida en nuestro idioma.

Estoy profundamente agradecida con mi familia, amigos y mentores, quienes con su amor y confianza, vieron en mí el potencial que en ocasiones yo misma dudaba tener. Su fe en mí me dio la fuerza para seguir avanzando y atreverme a soñar en grande. Este libro es el resultado de un esfuerzo colectivo; una sinfonía de confianza, aliento y amor puro. A cada persona que fue parte de este proyecto, a cada alma que creyó en mí y en este sueño:

¡Gracias, gracias, gracias!

INTRODUCCIÓN

A menudo me preguntan: **¿Cómo lo lograste? ¿Cómo transformaste momentos de dificultad en oportunidades que cambiaron tu vida? ¿Cómo pasaste de enfrentar desafíos que parecían insuperables a alcanzar metas que muchos consideraban imposibles?**

La respuesta no está en el azar ni en un golpe de suerte. Cada logro ha sido el resultado de decisiones conscientes, sacrificios, perseverancia y, sobre todo, la aplicación de principios que han sido mi brújula durante más de tres décadas.

Estos principios —que compartiré contigo a lo largo de este libro, uno en cada capítulo— nacieron del deseo de ofrecer más que inspiración: **una guía práctica para transformar sueños en realidad.**

Mi historia no comenzó con privilegios. Crecí en un hogar modesto, hija de padres divorciados, y comencé a trabajar a los quince años para ayudar con los gastos familiares. Emigré a Estados Unidos enfrentando las barreras del idioma y fui la primera en mi familia en asistir a la universidad. Viví con mi esposo en un garaje convertido en estudio y luché por abrirme camino en una empresa *Fortune 500*. A lo largo de los años, he vivido situaciones que parecían derrotas, pero que hoy reconozco como los impulsos que me llevaron más lejos. Esta ha sido mi evolución:

- **De superar retos académicos y económicos para terminar la secundaria**, a obtener una maestría que me abrió puertas que jamás imaginé.
- **De enseñar inglés a niños en Oaxaca, México** a compartir mi historia personal en universidades como Yale y Princeton.
- **De preocuparme por cómo pagar la gasolina,** a tener la dicha de explorar más de 25 países.
- **De vivir en un garaje durante cinco años** a convertirnos en propietarios de nuestro primer hogar.
- **De ser voluntaria en escuelas primarias** a ser nominada por el gobernador de Nueva Jersey para su Comité de Asuntos Hispanos.
- **De iniciar en un puesto corporativo de nivel básico**, a liderar un departamento y, con el tiempo, asumir el cargo de vicepresidenta en una organización.
- **De ser mentora de una sola persona** a impactar a cientos a través de talleres, programas de formación y mentorías.
- **De todo eso**, a ser reconocida con un Doctorado Honoris Causa por la Organización Mundial de Líderes.

Cada uno de estos logros es una prueba de que los límites no están en nuestras circunstancias, sino en nuestra mentalidad y en las decisiones que tomamos.

Es precisamente ese aprendizaje el que quiero compartir contigo: herramientas prácticas y consejos reales que puedes aplicar en tu propia vida para avanzar hacia tus metas.

Ahora bien, entiendo que quizá puedas sentir escepticismo al leer algunas de las metodologías que comparto en este libro. Tal vez pienses: *"¿Realmente funcionarán para mí?"* y esa duda es completamente válida. No pretendo que sigas cada estrategia al pie de la letra ni que tomes cada recomendación como una verdad absoluta.

Te invito a ver estas herramientas como un **menú de opciones**. Cada técnica, cada consejo y cada paso que comparto han sido probados por mí en momentos clave de mi vida. Algunos funcionaron de inmediato; otros requirieron ajustes para adaptarse a mis circunstancias, pero puedo decirte con total certeza que estas metodologías, por muy simples o poco convencionales que parezcan, han sido fundamentales para alcanzar mis metas.

Tal vez descubras que **establecer metas pequeñas e incrementales** es justo lo que necesitas para avanzar. Quizás rodearte de personas que te inspiren y te impulsen sea el verdadero detonante de tu progreso. Lo importante es que explores, experimentes y encuentres lo que mejor se adapte a tu estilo de vida y a tus objetivos.

No se trata de seguir una fórmula rígida, sino de construir tu propio camino, uno que esté alineado con tus fortalezas, valores y circunstancias. Lo fundamental es que, una vez que encuentres lo que funciona para ti, te comprometas a seguir avanzando con determinación y confianza en ti mismo.

Sé que algunas estrategias te parecerán inusuales, incluso poco convencionales. Lo entiendo, pero puedo asegurarte que estos ocho principios **me han funcionado** y estoy convencida de que, con disposición y perseverancia, también pueden marcar una diferencia positiva en tu vida.

Recuerda esto: cuando combinas un plan sólido con perseverancia y fe en tus propias capacidades, no solo superas los desafíos de la vida, sino que también tomas el control de tu destino, un paso a la vez.

DEL RECONOCIMIENTO A LA MISIÓN

En 2007, mi vida dio un giro inesperado. Tras recibir en Washington D.C. el reconocimiento *Young Hispanic Corporate Achievers™* (**YHCA**), de la Asociación Hispana de Responsabilidad Corporativa (**HACR**), recibí una invitación que marcaría un antes y un después: compartir mi historia con un grupo de estudiantes de preparatoria pertenecientes a minorías.

Frente a más de cincuenta jóvenes con grandes aspiraciones académicas, comprendí por primera vez el poder de mi historia. No era solo mía: también podía inspirar, motivar y abrir posibilidades para otros.

Desde entonces, he compartido mi experiencia en universidades como Princeton y Yale, así como en escuelas secundarias de comunidades desfavorecidas en Nueva Jersey, Texas y Florida. Fui parte de la clase inaugural del **YHCA**, junto a otros profesionales latinos destacados, algo que jamás imaginé posible siendo una joven de clase media en México.

Al compartir mi trayectoria con jóvenes estudiantes, descubrí que muchos necesitaban más que inspiración: necesitaban herramientas. Fue entonces cuando desarrollé los **Cinco pasos hacia el éxito**, un modelo sencillo pero poderoso que ofrecía dirección y propósito.

Con el tiempo, y gracias a la profundidad adquirida a través de la experiencia, entendí que esos cinco pasos eran solo el comienzo. Al acompañar a más personas en sus procesos de transformación, identifiqué tres elementos adicionales que fortalecían el modelo original. Así nació una metodología más robusta: los **Ocho Principios del Éxito**.

Estos principios, que ahora forman la base de cada capítulo de este libro, no sustituyen los pasos originales; los amplían, los profundizan y los hacen más aplicables en diferentes etapas de la vida. Son el fruto de una evolución natural que ha crecido conmigo y con las vidas que ha impactado.

Este no es solo un libro para leer. **Es un manual para actuar.** Una guía para diseñar la vida que deseas. Está pensado para ofrecerte acciones concretas, herramientas eficaces y pasos claros que te ayuden a convertir tus aspiraciones en logros tangibles.

Cada capítulo ha sido diseñado para proporcionarte estrategias prácticas que puedes aplicar desde hoy. Desde la identificación de tus objetivos hasta la superación de obstáculos, esta guía te acompañará paso a paso hacia tu destino. Porque soñar es maravilloso, pero sin un plan claro, los sueños corren el riesgo de quedarse en el reino de las ideas.

En mi discurso de apertura titulado ***"Planifica tu carrera para lograr tus sueños"***, presentado en 2018 ante una audiencia internacional, invité a cada persona **a reconectarse con sus pasiones.** Y hoy quiero reiterarlo: *Tus sueños no están perdidos; solo están esperando que les des vida.*

Ese primer paso puede ser el más difícil. Tal vez quienes te rodean no comprendan tus anhelos o traten de protegerte de los riesgos que ellos mismos no se atrevieron a asumir. Pero recuerda: **tu visión es única, y solo tú puedes convertirla en realidad.**

Este libro no solo es el relato de mi camino, sino una invitación para que emprendas el tuyo. Quiero que, al cerrar estas páginas, tengas no solo la motivación para soñar en grande, sino también la claridad para actuar y la valentía para avanzar, sin importar las circunstancias.

Gracias por estar aquí. Me emociona que hayas elegido este libro. Te invito a sumergirte en cada capítulo con curiosidad, intención y el firme compromiso de crear la vida que deseas.

¿Estás listo para descubrir cómo transformar tus obstáculos en oportunidades?

¡Tu viaje comienza ahora!

CÓMO USAR ESTE LIBRO.

Este libro está diseñado para inspirarte, motivarte y, sobre todo, guiarte para la transformación de tus sueños en la realidad que has deseado. Para lograrlo, encontrarás una combinación de elementos que se complementan entre sí, formando un sistema sinérgico que te acompañará en cada paso de este viaje.

Es posible que algunas metodologías parezcan similares o iguales en ciertos aspectos, pero cada una cumple un propósito específico y crucial dentro del proceso. Al integrarlas, obtendrás un enfoque más completo y efectivo para avanzar con claridad y confianza hacia tus objetivos.

A lo largo de estas páginas, compartiré experiencias y testimonios reales que ilustran cómo he aplicado cada uno de los principios que describo. Estas historias no solo ofrecen ejemplos de vida, sino que también te brindan lecciones prácticas que puedes adaptar a tu propia realidad.

Cada historia está diseñada para mostrarte que los desafíos, las dudas y los momentos de incertidumbre son parte natural del camino, pero que con las herramientas adecuadas, puedes superarlos. Mi intención es que veas en estos relatos un reflejo de tus propias experiencias y que encuentres en ellos la inspiración para seguir avanzando.

Cada capítulo incluye definiciones claras y consejos accionables que te ayudarán a implementar los conceptos clave. Además, encontrarás preguntas reflexivas diseñadas para invitarte a la introspección y autoconocimiento para conectar con tu esencia y descubrir tu verdadero propósito de vida.

Las preguntas y ejercicios no están ahí solo como actividades adicionales; son herramientas estratégicas que refuerzan lo aprendido, ayudándote a traducir la inspiración en acciones concretas.

COMPLEMENTOS PARA UNA TRANSFORMACIÓN INTEGRAL

Para maximizar el impacto de este libro, he desarrollado herramientas adicionales que te permitirán llevar estas enseñanzas a la práctica diaria. Cada recurso ha sido diseñado con un propósito específico, pero todos se complementan entre sí, reforzando tu camino hacia el éxito.

DIARIO DE SUEÑOS A DESTINO: DIARIO DE TRANSFORMACIÓN.

El diario ha sido cuidadosamente diseñado para proporcionarte un marco estructurado que te guiará paso a paso en la implementación de los principios que encontrarás en el libro. A través de ejercicios guiados, sugerencias inspiradoras y espacios para la autorreflexión, el diario se convierte en tu aliado personal para planificar tus metas, evaluar tu progreso y mantenerte enfocado en tus sueños.

Imagina este diario como un entrenador personal que te acompaña en tu viaje de autodescubrimiento, ayudándote a transformar tus ideas en acciones y tus deseos en logros tangibles. Cada actividad en el diario se alinea estratégicamente con los conceptos que irás explorando en el libro, reforzando tu compromiso y tu progreso.

BARAJA DE CARTAS DE SUEÑOS A DESTINO

Entiendo que el aprendizaje no solo debe ser profundo, sino también dinámico y entretenido. Por eso, creé esta baraja interactiva que convierte los principios del libro en una experiencia lúdica y enriquecedora.

Estas cartas están diseñadas para reforzar los conceptos clave mediante preguntas provocadoras, afirmaciones poderosas y ejercicios breves que te ayudarán a mantenerte motivado e inspirado. Aunque pueden parecer una herramienta independiente, han sido diseñadas en forma estratégica para complementar el libro y el diario, convirtiéndose en un recurso poderoso para profundizar en tu autoconocimiento y fortalecer tu forma de pensar.

Ya sea que utilices estas cartas por tu cuenta, con amigos o en entornos grupales, te permitirán explorar nuevas ideas, desbloquear tu potencial y encontrar inspiración para seguir avanzando.

TODO SE COMPLEMENTA PARA TU ÉXITO.

Recuerda que cada uno de estos elementos —las historias, las guías, el diario y la baraja de cartas— se complementan entre sí para formar un sistema holístico. Cada elemento cumple un rol específico en tu camino hacia el éxito.

Este libro es una invitación a la acción, a que explores todas estas herramientas, las combines según tus necesidades y encuentres tu propio ritmo. Si te comprometes a aplicar lo que aprendas, te aseguro que puedes transformar tu vida y cumplir los sueños que alguna vez parecieron inalcanzables.

Ahora es tu momento...
Abre este libro con la mente abierta, el corazón dispuesto y la determinación de convertir tus sueños en tu destino.

CAPÍTULO 1

ATRÉVETE A SOÑAR

Rompiendo Fronteras:
Atrévete a Soñar Sin Límites

Nuestra capacidad de soñar comienza en la infancia, cuando la imaginación no tiene límites y el mundo parece estar lleno de posibilidades infinitas. En mi caso, mis sueños infantiles giraban en torno a dos personajes que había creado en mi mente: la "profesora embarazada" y la "ejecutiva exitosa de la Organización de las Naciones Unidas". Aunque muy distintas entre sí, ambas figuras eran igualmente significativas para mí.

Como "profesora embarazada", colocaba una almohada bajo mi blusa para simular un embarazo avanzado mientras organizaba clases imaginarias en las que daba lecciones a mis alumnos ficticios. En cambio, cuando me convertía en la "ejecutiva de la Organización de las Naciones Unidas", me sentaba detrás de un escritorio improvisado, dando órdenes con autoridad y seriedad, como si dirigiera asuntos de gran importancia mundial.

Esos recuerdos, aunque infantiles, siguen siendo especiales, porque reflejan la semilla de lo que más adelante se convertiría en mi verdadera vocación: guiar, influir y generar un impacto positivo en mi entorno.

Mis primeros años en Guadalajara, Jalisco, México, estuvieron marcados por una dinámica familiar muy particular. Vivía con mi madre en un edificio de apartamentos conectados; mientras mi madre y yo vivíamos en uno, mi abuela y mi primo residían en el otro, lo cual nos mantenía en una cercanía que propiciaba un ambiente de convivencia cálida y constante como si todos compartiéramos un solo hogar.

Mi abuela no solo era mi cuidadora, sino que también recibía en casa a estudiantes universitarios, tanto nacionales como internacionales, y a empleados bancarios que se hospedaban temporalmente. Esto convirtió nuestro hogar en un espacio dinámico y vigoroso en el que la creatividad fluía sin límites. Las tardes estaban repletas de actividades que parecían sacadas de un centro cultural: macramé, pintura, costura e incluso sesiones de yoga. Este entorno estimulante moldeó mi curiosidad y despertó mi amor por el aprendizaje.

A pesar de pertenecer a una familia de clase media, disfruté de ciertos privilegios gracias al trabajo de mi madre en una empresa estadounidense. Desde muy temprano, tuve acceso a un equipo de música y a una máquina de escribir portátil, herramientas que se convirtieron en mis cómplices para inventar historias y juegos ingeniosos. Recuerdo cómo transformaba simples cajas de madera en escenarios para mis elaboradas obras de teatro caseras, entreteniendo a mis primos con relatos llenos de aventuras y fantasía.

Al reflexionar sobre esos años formativos, comprendo cuánto influyeron en mis sueños y aspiraciones. La constante motivación de mi madre para soñar en grande y atreverme a explorar nuevos caminos fue fundamental para la persona en la que me he transformado. Tal como sugieren los psicólogos, los primeros siete años de vida son cruciales para desarrollar la confianza, la autonomía y la iniciativa; y en mi caso, esas experiencias moldearon mi visión del mundo y solidificaron mi convicción de que nada era imposible.

Por eso te invito a que te tomes un momento para recordar los sueños y aspiraciones de tu infancia. ¿Qué te apasionaba cuando eras niño? ¿En qué te perdías durante horas jugando o imaginando? Esos primeros sueños, a menudo olvidados con el paso del tiempo, encierran valiosas pistas sobre nuestras verdaderas pasiones y talentos.

Reconectar con esos anhelos puede ser el primer paso para encontrar un propósito en tu camino. Al abrazar esa esencia genuina y permitir que tus sueños de la infancia vuelvan a inspirarte, puedes redescubrir la chispa que te impulsa a avanzar con determinación y alegría. No importa en qué etapa de tu vida te encuentres, tus sueños siempre tienen el potencial de guiarte hacia tu destino.

ROMPIENDO FRONTERAS

Bajo el cielo azul resplandeciente de Zipolite, Oaxaca, México, mi viaje de autodescubrimiento comenzó entre las arenas doradas de este paraíso costero. A los veintidós años, mientras mi esposo —de veinticinco— completaba su servicio social como parte de su formación médica, decidimos sumergirnos en una comunidad llena de necesidades que nos brindó profundas lecciones de vida. Aquel entorno, lejos de ser una experiencia pasajera, se convirtió en el escenario donde descubrí mi verdadera vocación de servicio.

Al principio, mi estancia en Zipolite comenzó como unas simples vacaciones. Me relajaba en la playa, disfrutaba del entorno y acompañaba a mi esposo en sus rondas médicas. Sin embargo, pronto comencé a sentir una inquietud interna, una sensación persistente de que había algo más por hacer, una necesidad de contribuir de manera significativa al desarrollo de esa maravillosa comunidad.

Reflexionando sobre mis habilidades y mi deseo genuino de servir, identifiqué una necesidad evidente: enseñar inglés a los niños locales. Zipolite, al ser un destino turístico, atraía a miles de visitantes estadounidenses y europeos, por lo que el dominio del inglés representaba una oportunidad valiosa para los habitantes del área.

Mi conocimiento del idioma y mi experiencia multicultural me dieron la confianza para comenzar a impartir clases de inglés como segundo idioma (ESL, por sus siglas en inglés). Sin materiales sofisticados ni experiencia formal como maestra, improvisé planes de estudio y empecé a enseñar con pasión, entrega y entusiasmo.

Lo que inicialmente fue un pequeño experimento pronto se transformó en una fuente de alegría y propósito. Mis alumnos no solo aprendían inglés; también desarrollaban habilidades y competencias que les beneficiarían en oportunidades futuras. Esta experiencia me enseñó el poder del servicio y el impacto que puede tener compartir nuestras habilidades y conocimientos con nuestra comunidad.

Este primer paso me impulsó a obtener mi certificación oficial como profesora de ESL tras mudarnos a la Ciudad de México. Fue un momento decisivo que abrió un nuevo capítulo en mi vida. Años después, ya en California, esa misma vocación continuó siendo el eje central de mi propósito. Mientras trabajaba a tiempo completo y continuaba mis estudios universitarios, encontré un espacio para ser voluntaria en un centro comunitario enseñando ESL a adultos hispanos. Esta labor se convirtió en una de las experiencias más gratificantes de mi vida, pues me permitió ver de primera mano cómo la educación transforma vidas.

La siguiente gran transición llegó en 1996, cuando mi esposo y yo decidimos establecernos definitivamente en Pasadena, California. Esta vez, tenía un objetivo claro: completar mi licenciatura, un sueño que había postergado por limitaciones financieras y frecuentes mudanzas. Determinada a lograrlo, visité el campus universitario más cercano y realicé las pruebas de nivel necesarias. Sin embargo, recibí una noticia que me hizo dudar: mi dominio del inglés estaba por debajo del estándar universitario.

Me sentí frustrada, desanimada y, por un momento, casi a punto de renunciar. Todo el esfuerzo acumulado parecía derrumbarse en un instante. Pero en lugar de rendirme, decidí ver esta noticia como un desafío.

Siguiendo el consejo del orientador académico, me inscribí en una serie de clases de apoyo en inglés como segundo idioma, que incluían desde cursos complejos de redacción académica, comprensión lectora, expresión oral y composición universitaria. Aprender a estructurar ensayos, analizar textos académicos y participar activamente en discusiones en inglés fue un proceso exigente, pero transformador.

Cada clase fue un peldaño más en mi camino. Estaba convencida de que la clave del éxito era tener claridad en mis objetivos, trazar un plan preciso y no rendirme ante los obstáculos, por grandes que parecieran.

Los siguientes seis años fueron un maratón de esfuerzo y determinación. Compaginé un trabajo de tiempo completo, la inminente llegada de nuestro primer hijo y el desafío de ser dueña de una casa por primera vez. En forma simultánea, continué enseñando ESL y preparé a decenas de adultos hispanos para obtener la ciudadanía estadounidense, una labor que reafirmó mi convicción de que el servicio puede cambiar vidas.

A pesar de este progreso, hubo momentos en los que dudé de mis propias capacidades. Materias como economía, estadística y las crecientes responsabilidades profesionales me hacían cuestionar si realmente lograría alcanzar mis metas. Pero en cada uno de esos momentos de incertidumbre, recordé por qué había comenzado: estaba decidida a convertirme en la primera en mi familia en obtener un título universitario.

Finalmente, a los treinta años, logré un hito inolvidable. El mismo año que nuestro primer hijo nació me gradué en Psicología. Aquel día no solo celebré un logro académico, sino también la culminación de años de esfuerzo, sacrificio y perseverancia.

Pero no me detuve allí. Impulsada por ese éxito, continué mi formación, obteniendo una maestría, asumiendo nuevas responsabilidades directivas y explorando oportunidades para ampliar mi impacto en la comunidad y en el entorno corporativo. Cada paso reforzaba mi creencia en que, con dedicación y determinación, cualquier meta es alcanzable.

Al mirar atrás, reconozco que este camino no lo recorrí sola. El apoyo incondicional de mi esposo, familia, amigos, mentores y colegas fue fundamental para mi éxito. El verdadero crecimiento no se construye en soledad, sino en comunidad, rodeado de personas que creen en ti incluso cuando las dudas te invaden.

Mi historia es una prueba viviente de que los límites solo existen en la mente. Al atrevernos a romper fronteras —ya sean culturales, sociales o personales— podemos transformar nuestros sueños en realidad. Con valor, resiliencia y una determinación inquebrantable, podemos reescribir nuestro destino.

Y si algo he aprendido en este viaje es que no importa de dónde vengas ni cuántos obstáculos encuentres en el camino; si te atreves a soñar en grande, creas un plan claro y trabajas con perseverancia, tus metas no solo son alcanzables... son inevitables.

SOÑAR MÁS ALLÁ DE LOS LÍMITES

Todo comenzó con un deseo genuino de contribuir, de marcar una diferencia significativa en la vida de los demás. Como madre, sentía una profunda gratitud por la bendición de haber dado a luz a tres hijos. Fue entonces cuando se abrió ante mí una nueva oportunidad: el voluntariado en la escuela de mis hijos. Lo que comenzó como un pequeño acto de servicio se convirtió en una poderosa travesía de impacto y transformación.

Empecé de forma modesta, leyendo en clase, una actividad sencilla pero profundamente significativa. Cada palabra que pronunciaba parecía encender una chispa en los rostros de los niños, y fue en esos momentos cuando entendí que tenía una herramienta poderosa en mis manos: la capacidad de inspirar a través de la educación.

Con el tiempo, lo que empezó como un gesto de buena voluntad evolucionó hacia algo mucho mayor. Desarrollé planes de lecciones personalizados para niños de todas las edades, cada uno diseñado no solo para impartir conocimientos, sino también para fomentar la confianza en sí mismos y el autodescubrimiento. Mis talleres se convirtieron en espacios dinámicos donde los niños podían explorar sus habilidades a través de actividades interactivas, debates estimulantes y desafíos creativos.

Rápidamente comprendí que los niños aprenden mejor cuando se involucran activamente. Por eso, en cada uno de mis talleres incorporé elementos lúdicos, juegos dinámicos y actividades prácticas. Sabía que muchos de ellos son aprendices cinestésicos: aprenden mejor moviéndose, construyendo y experimentando por sí mismos. Uno de los proyectos que más disfrutaron fue la creación de joyas recicladas utilizando latas de aluminio. Usábamos la parte superior de la lata, justo donde se encuentra la apertura, para diseñar dijes y accesorios creativos. A través de esta actividad, los niños no solo desarrollaban su motricidad fina y su imaginación, sino que también aprendían sobre sostenibilidad, reutilización y el valor de transformar lo ordinario en algo extraordinario.

Mi deseo de impactar no terminó en las aulas. Quería llegar más lejos. Quería inspirar a más niños a soñar en grande.

NACE UNIVERBOND CAMP: UN SUEÑO HECHO REALIDAD.

En 2016, impulsada por mi pasión por la educación y la creación de experiencias significativas, fundé **Univerbond Camp**, que consiste en un programa de talleres interactivos para motivar a niños entre ocho y doce años, a perseguir sus sueños utilizando las **Cinco pasos hacia al éxito**. Inspirado en el modelo tradicional de campamentos de verano, **Univerbond Camp** combinaba la aventura con el aprendizaje. Creamos cabañas temáticas y simulamos actividades como pesca, senderismo y tiro con arco, brindando a los niños la oportunidad de aprender habilidades y desarrollar competencias para la vida en un ambiente de sana diversión.

El campamento se convirtió en un espacio mágico donde cada niño tenía la oportunidad de explorar sus fortalezas internas, forjar amistades y ganar confianza en sí mismo. Ver cómo los niños florecían durante esos días fue una de las experiencias más gratificantes de mi vida. **Univerbond Camp** me enseñó que cuando les damos a los niños la oportunidad de aprender en un entorno que celebra sus talentos, sus sueños se expanden sin límites.

DE VOLUNTARIA A EMPRESARIA: LA CREACIÓN DE ELEVINK.

Inspirada por el éxito de **Univerbond Camp**, di el siguiente paso en mi camino de impacto: fundé **Elevink, LLC** en 2020, una empresa de impacto social dedicada a empoderar a talentos infrarrepresentados y a construir una fuerza laboral más inclusiva y equitativa.

Lo que comenzó como un campamento de entrenamiento de dos días, pronto evolucionó en un programa integral de desarrollo de talento. En **Elevink**, creamos un espacio donde las personas pueden desarrollar habilidades, fortalecer su confianza y autoestima para descubrir su potencial y triunfar en el competitivo mercado laboral.

Nuestro enfoque es claro: proporcionar herramientas concretas que permitan a nuestros participantes destacar en sus carreras. Enseñamos a crear discursos impactantes de ventas; interpretar descripciones de trabajo con ojo crítico, y a preparar entrevistas con confianza y determinación.

Sin embargo, el verdadero impacto de **Elevink** va mucho más allá de la preparación profesional. Sabemos que el éxito no solo se mide en empleos conseguidos, sino en la transformación interna que ocurre cuando las personas descubren su verdadero valor. Por eso, incluimos en nuestro programa sesiones dedicadas a la construcción de resiliencia, el fortalecimiento del estilo de comunicación y la importancia de la diversidad e inclusión en el lugar de trabajo.

Nuestras sesiones semanales se han convertido en un espacio seguro y enriquecedor donde nuestros participantes se conectan, comparten experiencias y encuentran la motivación necesaria para perseguir sus objetivos. Además, nuestra red de mentores y expertos ofrece orientación valiosa para que cada participante trace su camino hacia el éxito.

SUPERANDO OBSTÁCULOS CON DETERMINACIÓN.

A pesar de los desafíos presentados por la pandemia del 2020, la visión de **Elevink** se mantuvo firme. La transición a un entorno virtual nos permitió expandir nuestro alcance y llegar a personas en todo el país. Desde Nueva York hasta Texas, desde Nueva Jersey hasta Chicago, nuestro impacto siguió creciendo, demostrando que los sueños no tienen límites cuando se combinan con perseverancia y convicción.

Cada ceremonia de graduación de **Elevink** es un recordatorio conmovedor del poder de la educación. Ver a nuestros graduados conseguir nuevos empleos, recibir ascensos o incluso atreverse a cambiar de carrera ha sido una confirmación constante de que estamos en el camino correcto. De hecho, casi la mitad de nuestros participantes logran un avance profesional significativo en solo sesenta días tras completar el programa.

SOÑAR EN GRANDE Y SIN FRONTERAS

Al reflexionar sobre este recorrido, me doy cuenta de que todo comenzó con un simple deseo de contribuir y retribuir. Desde aquellas primeras visitas a la escuela de mis hijos hasta la creación de un programa de impacto nacional, he aprendido que nuestros sueños no solo son alcanzables, sino que pueden **trascender cualquier frontera**.

Mi mayor anhelo es que cada persona que se cruce con este libro se sienta inspirada a **soñar en grande**, sin miedo a romper límites, porque cuando tienes un propósito claro, un plan bien definido y la determinación de persistir, no hay barrera que pueda detenerte.

No se trata solo de soñar... **se trata de atreverse**. Que este libro sea la chispa que encienda tu fuego interior y te impulse a perseguir esos sueños que parecen lejanos, pero que están más cerca de lo que imaginas. **Tu historia apenas comienza, y el futuro que sueñas está esperando a que des el primer paso.**

TU ESTRELLA POLAR: LA GUÍA QUE ILUMINA TU CAMINO

El primer paso en este viaje —y el pilar fundamental de *Atrévete a Soñar*— es **definir tu estrella polar**. Así como los antiguos navegantes se orientaban por ella para cruzar mares desconocidos, tu estrella polar será esa brújula interna que te mantendrá firme en el rumbo, sin importar cuán turbulentas se tornen las aguas de la vida.

Definir tu estrella polar te brinda **claridad y propósito** en un mundo saturado de distracciones y demandas contradictorias. Cuando sabes lo que verdaderamente importa, es más fácil filtrar el ruido externo y enfocar tu energía en las metas que te acercan a la vida que deseas construir.

Tu estrella polar puede ser una visión a largo plazo, un compromiso inquebrantable con tu crecimiento personal, o un conjunto de valores fundamentales que guíen cada una de tus decisiones. Sea cual sea su forma, esta guía interna te dará dirección en momentos de duda y te recordará tu rumbo cuando todo parezca incierto.

EL PODER DE UNA ESTRELLA POLAR EN LOS MOMENTOS DIFÍCILES

Tener una estrella polar no solo te orienta, sino que también te brinda **fuerza y resiliencia** cuando la vida se torna incierta. Fracasos, pérdidas y desafíos inesperados son parte del camino, pero cuando tienes claro tu propósito, esos momentos dejan de ser frenos paralizantes y se transforman en **valiosas oportunidades de aprendizaje**. Tu estrella polar te ayudará a levantarte, reajustar tus velas y seguir avanzando con determinación.

Cuando las cosas no salgan como esperabas —cuando ese ascenso no llegue, una relación termine o las puertas parezcan cerrarse— **recordar tu propósito te devolverá la perspectiva**. Será ese faro constante que te recuerde que cada paso, incluso los tropiezos, te está acercando a tu destino.

A veces, lo que parece un retroceso es en realidad **una pausa necesaria para redirigir tu camino**. Confía en que cada experiencia tiene algo que enseñarte, y que incluso los momentos más duros pueden convertirse en el impulso que te lleve a algo mejor de lo que alguna vez imaginaste.

COHERENCIA Y AUTENTICIDAD.

Otro poderoso beneficio de definir tu estrella polar es que te permite vivir de forma más **auténtica**. Al identificar tus valores fundamentales, puedes tomar decisiones que reflejen quién eres. Esto no solo fortalece tu autoestima, sino que también genera una profunda sensación de paz interior. Cuando tus acciones estén alineadas con tu propósito, te sentirás más satisfecho y en armonía contigo mismo.

CONEXIONES SIGNIFICATIVAS.

Tu estrella polar también influye en las personas que atraes a tu vida. Cuando tienes claro quién eres y qué defiendes, es más probable que te rodees de personas que comparten tus valores y tu visión. Estas conexiones no solo te ofrecerán apoyo en los momentos difíciles, sino que también te inspirarán a seguir creciendo y expandiendo tus horizontes.

MÁS QUE UN DESTINO, UN VIAJE.

Lo más importante de tener una estrella polar no es solo el destino que deseas alcanzar, sino el **camino que recorres para llegar allí**. Esta brújula interna te recordará que tu viaje es único, que cada paso es valioso y que el crecimiento personal es tan significativo como el logro de tus metas.

Tu estrella polar no se define en un solo momento; es un proceso continuo de autodescubrimiento y redefinición. Permítete soñar, explorar y, sobre todo, confiar en que tu propósito te guiará hacia el lugar en donde estás destinado a brillar.

¿Cuál es tu estrella polar? ¿Qué propósito ilumina tu camino? Responder a estas preguntas será el primer paso para transformar tus sueños en tu realidad.

CLARIDAD DE OBJETIVOS: EL SEGUNDO PASO PARA TRANSFORMAR TUS SUEÑOS EN REALIDAD

El segundo paso en este viaje, y el pilar esencial de **Atrévete a Soñar**, es tener **absoluta claridad** sobre los objetivos que deseas alcanzar. Definir con precisión hacia dónde te diriges es crucial para crear una vida plena, significativa y exitosa.

Así como un barco necesita un destino claro para trazar su rumbo, tus metas actúan como un faro que ilumina el camino. Sin esa claridad, corres el riesgo de deambular sin rumbo, desperdiciando tiempo y energía en acciones que te mantienen alejado de lo que realmente anhelas.

Cuando tienes una visión clara de tus objetivos, cada paso que das cobra sentido. Pero, ¿por qué es tan importante esta claridad? A continuación, exploraremos seis poderosas razones que demuestran por qué definir tu destino es esencial para alcanzar el éxito.

1. Enfoque y dirección: Saber adónde vas.

Tener metas claras te permite **canalizar tu energía y esfuerzo** en acciones concretas que te acerquen a tu destino. Cuando sabes exactamente qué quieres lograr, puedes priorizar tareas, tomar decisiones con mayor seguridad y mantenerte firme en tu camino.

Imagina que tu objetivo es mejorar tu salud física. Con una meta clara —por ejemplo, correr una carrera de 10 kilómetros en seis meses— puedes diseñar un plan específico: establecer una rutina de entrenamiento, adoptar una alimentación balanceada y fijar plazos para evaluar tu progreso. Esa claridad te ayudará a evitar distracciones y mantenerte enfocado.

2. Motivación constante: El combustible para seguir adelante.

Tener un objetivo claro se convierte en una poderosa fuente de **inspiración y motivación**. Es lo que te impulsa a levantarte cada mañana con un propósito, incluso cuando las cosas no van según lo planeado.

Cuando trabajaba a tiempo completo, era madre y además estudiaba por las noches, mi meta de obtener un título universitario fue mi motor constante. Cada examen aprobado, cada clase terminada, cada sacrificio me recordaba el propósito final: construir una mejor vida para mi familia. Esa visión clara fue clave para perseverar en los momentos difíciles.

3. Alineación con tus valores: Vivir con autenticidad

La claridad en tus objetivos te permite asegurarte de que tus acciones estén en armonía con tus valores fundamentales. Cuando persigues metas que reflejan quién eres realmente, experimentas una sensación profunda de plenitud y autenticidad.

Cuando fundé **Elevink**, lo hice con la certeza de que mi propósito era **empoderar a los talentos subrepresentados**. Esta misión está alineada con mis valores de inclusión, equidad y justicia social, y esa coherencia me ha dado la fuerza para enfrentar desafíos, tomar decisiones difíciles y mantenerme firme en mis convicciones.

4. Planificación estratégica: El mapa que te lleva al éxito.

Cuando tienes claro tu destino, puedes diseñar un **plan de acción eficaz**. Establecer metas específicas y medibles te permite trazar un camino claro, reduciendo la incertidumbre y maximizando tus probabilidades de éxito.

Recuerdo cuando decidí mudarme de California a Nueva Jersey para un nuevo rol profesional. Mi meta era asegurar una transición fluida para mi familia, así que elaboré un plan detallado que incluía la búsqueda de escuelas, un plan financiero y una estrategia para integrarme en la nueva comunidad. Esta planificación me permitió manejar mejor el cambio y evitar decisiones impulsivas.

5. Sentido de propósito: Un camino con significado

Cuando tienes claro hacia dónde te diriges, cada paso que das cobra sentido. Esa claridad transforma tus acciones diarias en hitos con propósito, y te da la satisfacción de saber que cada pequeño avance te acerca a tu gran meta.

Recuerdo cuando comencé a participar como mentora voluntaria en una organización enfocada en apoyar a estudiantes de comunidades subrepresentadas. Cada charla, cada conversación y cada historia compartida se convertían en pequeñas semillas de esperanza. Saber que estaba generando un impacto real le dio un significado profundo a cada momento, y reforzó en mí la convicción de que cuando caminas con propósito, incluso los pasos más pequeños tienen poder.

6. Resiliencia ante los desafíos: Superar obstáculos con determinación

La claridad en tus objetivos te brinda una herramienta poderosa para enfrentar las adversidades: la resiliencia. Porque los desafíos no son una posibilidad remota; son parte inevitable del camino. Y cuando surjan —porque créeme, surgirán— tu visión clara será tu ancla. Te recordará por qué comenzaste, te devolverá el enfoque y te dará la fuerza para seguir adelante incluso en los momentos más difíciles.

Recuerdo una etapa particularmente retadora en mi vida, cuando sentí que todo a mi alrededor se tambaleaba. Aun así, mi propósito era firme. Esa claridad me ayudó a mantenerme centrada, a tomar decisiones desde la calma y a encontrar sentido incluso en medio del caos. Convertí la incertidumbre en reflexión, el miedo en aprendizaje, y el obstáculo en impulso para seguir avanzando.

La resiliencia no significa no caer, sino levantarte cada vez con más sabiduría, más fuerza y más propósito. Y cuando sabes hacia dónde vas, ningún obstáculo es lo suficientemente grande como para detenerte del todo.

Da el primer paso: Define tu meta.

Definir con precisión lo que deseas lograr es un pilar fundamental para el éxito, la realización personal y el crecimiento. Al tener claro tu destino, puedes construir un plan estratégico, mantener la motivación y perseverar ante cualquier desafío.

Así que te invito a reflexionar:

¿Cuál es esa meta que hace arder tu interior? ¿Qué sueños has postergado por miedo, dudas o falta de claridad?

Ahora es el momento de escribir esas metas, visualizarlas y comprometerte con ellas. Porqué cuando defines tu destino, dejas de deambular sin rumbo y comienzas a **construir, paso a paso, la vida que realmente deseas**.

ACTIVIDADES PARA DEFINIR TU ESTRELLA POLAR

Como firme creyente en el poder del **aprendizaje práctico** y las **experiencias vivenciales**, quiero invitarte a que realices alguna, o todas, las dinámicas siguientes. Cada una está diseñada para ayudarte a descubrir tu **estrella polar**, esa guía interna que te llevará a encontrar propósito, claridad y dirección en tu camino.

Estas actividades no solo te brindarán una visión más clara de tus metas, sino que te impulsarán a transformar tus sueños en acciones concretas y alcanzables.

1. Crea tu tablero de visualización: Da vida a tus sueños.

Un **tablero de visualización** es una herramienta poderosa para plasmar tus sueños de forma tangible y recordarte diariamente hacia dónde te diriges. Esta técnica conecta tus deseos con tus emociones, lo que fortalece tu compromiso con tus objetivos.

¿Cómo hacerlo?

- Reúne revistas, imágenes, frases inspiradoras y recortes que representen tus aspiraciones.
- Utiliza una cartulina o un corcho y organiza estos elementos en forma de collage.
- Incluye símbolos que evoquen tus metas: una casa para representar seguridad, un diploma para tu crecimiento académico o imágenes de destinos que anhelas visitar.

Por qué funciona:

El proceso de seleccionar imágenes, recortes y frases te obliga a reflexionar sobre lo que realmente deseas. Coloca tu tablero en un lugar visible, ya sea en tu habitación, oficina o incluso como fondo de pantalla, para que te inspire cada día. Esta exposición constante reprogramará tu mente, impulsándote a tomar decisiones y acciones alineadas con tus metas.

Antes de continuar, aclaremos un punto importante: ¿Cuál es la diferencia entre objetivos y metas?

- **Objetivo**: Es el resultado final que deseas lograr, tu visión a mediano o largo plazo. Ejemplo: *Graduarme de la universidad.*

- **Meta**: Son los logros intermedios, medibles y alcanzables, que te acercan a ese objetivo. Ejemplo: *Aprobar todas las materias del primer semestre con promedio mínimo de 8.5.*

Esta distinción te ayudará a enfocar mejor tus acciones y usar herramientas como las afirmaciones y el mapa mental con mayor precisión.

2. Escribe afirmaciones poderosas: Prográmate para el éxito

Las **afirmaciones** son declaraciones positivas que fortalecen tu confianza y te preparan mentalmente para lograr tus metas. Estas afirmaciones son efectivas para reemplazar tus creencias limitantes con pensamientos que impulsan al éxito.

¿Cómo hacerlo?

- Identifica tus metas clave.

- Escribe afirmaciones que refuercen esas metas en presente, positivo y en primera persona.

- Por ejemplo:

    - **"Soy una persona valiente que se atreve a tomar riesgos".**

- **"Confío en mis habilidades y merezco el éxito".**
- **"Cada día estoy más cerca de mi objetivo".**

Por qué funciona:

Las afirmaciones te ayudan a reconfigurar tu mente para que creas en la capacidad de lograr tus metas. Al repetirlas una y otra vez, empiezas a interiorizar estas creencias, lo cual influye en forma directa en tus pensamientos, emociones y decisiones.

3. Mapa mental: Estructura tu visión y define el camino

El mapa mental es una técnica creativa que te permite organizar ideas y visualizar conexiones entre tus **objetivos generales**, tus **metas específicas** y los pasos concretos que debes tomar para alcanzarlos.

¿Cómo hacer un mapa mental?

- Toma una hoja en blanco y escribe tu **objetivo principal** en el centro.
- Dibuja líneas que conecten ese objetivo con **metas concretas** y pasos específicos que te acerquen a él.
- Usa colores, símbolos o imágenes para que el mapa sea atractivo y fácil de entender visualmente.
- Considera incluir preguntas que te impulsen a pensar en soluciones creativas, como:
    - **¿Qué habilidades necesito desarrollar?**

- **¿Qué personas pueden ayudarme en este camino?**
- **¿Qué recursos necesito para avanzar?**

¿Por qué funciona?

Un mapa mental te permite ver el panorama completo de tu visión, identificar conexiones entre ideas y descubrir oportunidades o desafíos que no habías considerado. Además, **te da claridad para priorizar y tomar decisiones estratégicas**, alineadas con tus valores y tu propósito.

No subestimes el poder de visualizar, afirmar y planificar. Lo que hoy es solo un sueño, mañana puede ser tu realidad.

¿QUÉ HACER CUANDO LA INSPIRACIÓN SE APAGA?

Hay días en los que la inspiración parece desvanecerse. Esos momentos en los que la duda se infiltra silenciosamente, cuestionando nuestras habilidades, nuestros sueños y si realmente somos capaces de lograr lo que nos proponemos. Es en esos instantes cuando la motivación puede sentirse lejana y nuestras metas parecen más difíciles de alcanzar.

¿Qué hacemos cuando esto sucede?

La clave está en no permitir que esos momentos definan nuestro camino. En lugar de sucumbir a la parálisis, podemos recurrir a actividades que restauren nuestra paz interior, reaviven nuestra chispa y nos devuelvan la claridad.

A continuación, comparto algunas actividades que me han ayudado a encontrar equilibrio y bienestar en esos momentos de incertidumbre. Tal vez algunas de ellas resuenen contigo o quizás descubras que hay otras que se alinean mejor con tu propia esencia. Lo importante es que te permitas explorar y encontrar aquello que te reconecte contigo mismo.

1. Cocinar: Un acto de creatividad y conexión.

El arte de cocinar va mucho más allá de mezclar ingredientes. Es una experiencia sensorial que permite que tu mente se relaje mientras tus manos crean. Desde amasar la masa hasta esperar que el pan se dore en el horno, este proceso despierta la creatividad y genera una profunda sensación de logro.

Cada paso es un recordatorio poderoso de que, al igual que en la vida, con paciencia y dedicación, los ingredientes correctos se transforman en algo extraordinario. Además, el dulce aroma del pan horneado se convierte en un abrazo reconfortante para el alma.

Pro tip: Si te sientes bloqueado, cocinar un pastel sencillo o preparar galletas puede ayudarte a desconectarte del estrés y reencontrarte con la calma.

2. Bailar: Liberar la energía y despertar la alegría.

Pocas cosas son tan liberadoras como entregarse a la música y dejar que el cuerpo se exprese libremente. Bailar, ya sea solo en tu habitación, con amigos o en una clase, tiene un poder increíble para liberar emociones atrapadas y elevar el ánimo.

Cada movimiento te recuerda que tu cuerpo está vivo, que la energía fluye dentro de ti y que la alegría se encuentra en el simple acto de dejarte llevar.

Pro tip: La próxima vez que te sientas abrumado, pon tu canción favorita a todo volumen y permite que tu cuerpo se mueva libremente. Baila sin preocuparte por cómo se ve, solo concéntrate en cómo se siente.

3. Meditación: El arte de encontrar paz en la tormenta.

Cuando la mente se llena de dudas y preocupaciones, la meditación se convierte en un refugio poderoso. Dedicar unos minutos al silencio y la introspección puede ayudarte a calmar el torbellino de pensamientos y encontrar claridad.

Con cada respiración consciente, las tensiones se disipan y te reconectas con el presente. Es un recordatorio de que, aunque las tormentas externas sean estruendosas, siempre podrás encontrar calma en tu interior.

Pro tip: Si te cuesta meditar en silencio, prueba a guiar tu práctica con meditaciones enfocadas en afirmaciones positivas o con música de alta vibración. Este tipo de música utiliza frecuencias específicas —como 432 Hz o 528 Hz— que ayudan a elevar tu estado energético y promover la paz interior. Puedes encontrarla fácilmente en plataformas como YouTube o Spotify, buscando términos como “frecuencias para sanar” o “música de alta vibración”.

4. Salir a caminar: Conectar con la naturaleza y sentir la libertad

Salir a caminar se ha convertido para mí en una de las formas más eficaces de despejar mi mente. El ritmo constante de los pasos, el aire fresco en el rostro, el crujido de las hojas bajo los pies y el paisaje cambiando a cada paso me brindan una sensación renovadora de libertad. En esos momentos, me siento presente, ligera y profundamente conectada con mi entorno.

Cada caminata me recuerda que el movimiento físico también impulsa el movimiento emocional y mental. Aunque el avance pueda ser lento, lo importante es seguir caminando.

Pro tip: Si prefieres algo con más dinamismo, montar en bicicleta puede ofrecer beneficios similares, añadiendo una dosis de adrenalina y velocidad. Ya sea caminando o pedaleando, lo importante es permitirte explorar, respirar y reconectar con el momento presente. A veces, un paseo de 20 minutos puede ser más reparador que horas frente a una pantalla.

5. Sumergirse en un baño relajante: Espacio para la introspección

Un baño caliente es más que un acto de autocuidado; es un **ritual de renovación**. Mientras el agua envuelve tu cuerpo, las tensiones y preocupaciones comienzan a disolverse, dejando espacio para la calma, la claridad mental y la conexión contigo mismo.

Para potenciar esta experiencia, suelo acompañarla con **música de alta vibración**, que utiliza frecuencias diseñadas para elevar el estado emocional y energético.

Esta práctica se ha convertido en mi refugio personal cuando mi mente necesita descanso y mi corazón busca equilibrio.

Pro tip: Agrega sales de baño, aceites esenciales o enciende velas aromáticas para crear un ambiente multisensorial que profundice la sensación de relajación y presencia.

6. Transformar lo cotidiano en una fuente de satisfacción.

A veces, las actividades más simples pueden convertirse en poderosas fuentes de calma y claridad. Actividades como limpiar, organizar tu escritorio o doblar la ropa pueden ser increíblemente terapéuticas si las abordas con intención y atención plena.

Estas tareas, que a menudo se consideran rutinarias, ofrecen la oportunidad de encontrar orden y satisfacción. Cada prenda doblada, cada espacio despejado, se convierte en un pequeño logro que te recuerda que estás avanzando, incluso en medio del caos.

Pro tip: Intenta escuchar música suave, un podcast inspirador o tus afirmaciones favoritas mientras realizas estas actividades. El ambiente adecuado puede transformar lo mundano en un momento de renovación.

ENCUENTRA LO QUE FUNCIONA PARA TI.

Estas son algunas de las actividades que han sido valiosas en mi camino, pero cada persona es diferente. Tal vez para ti la clave esté en pintar, escribir, cocinar o simplemente sentarte en silencio bajo el cielo estrellado.

Lo importante es que reconozcas esas prácticas que te devuelven la calma, la inspiración y la claridad cuando más lo necesitas.

Recuerda: La inspiración no siempre es constante, pero lo que sí puedes controlar es cómo decides reavivarla. Dedica tiempo a explorar lo que te reconforta y te impulsa. Al hacerlo, descubrirás que incluso en los momentos más oscuros, puedes encontrar la chispa que ilumine el camino hacia tus sueños.

DESCUBRIENDO NUESTRAS FORTALEZAS Y AUTENTICIDAD.

A medida que avanzamos en este viaje hacia la realización de nuestros sueños, hay un paso crucial que no podemos pasar por alto: **reconocer nuestras fortalezas y abrazar nuestra autenticidad**.

Cada uno de nosotros posee habilidades innatas, talentos ocultos y cualidades que nos hacen destacar. Sin embargo, muchas veces no somos plenamente conscientes de esas fortalezas porque nos parecen tan naturales que no les damos el valor que realmente tienen.

¿Y si te dijera que los demás ven en ti habilidades que tú mismo quizás no has notado?

Te invito a que realices un ejercicio sencillo pero poderoso que puede transformar tu autopercepción:

Toma tu teléfono ahora mismo y envía un mensaje a tus mejores amigos o familiares y pregúntales:

¿En qué crees que soy realmente bueno? ¿Qué habilidad o fortaleza destacarías en mí?

Te sorprenderás con las respuestas. Lo que para ti puede parecer «normal» o «sin importancia», para los demás puede ser una habilidad extraordinaria. Quizás te digan que tienes un don especial para escuchar, que inspiras calma en momentos difíciles, que eres increíble resolviendo problemas o que tu creatividad es asombrosa.

Este ejercicio no solo te permitirá ver tus fortalezas desde una nueva perspectiva, sino que también reforzará tu confianza y te recordará que tienes mucho más potencial del que crees.

DESCUBRIENDO EL TESORO INTERIOR.

Identificar tus fortalezas es como desenterrar tesoros ocultos en tu interior. Estas habilidades son tus mejores herramientas para construir tus sueños. Algunas personas destacan por su empatía, otras por su capacidad de liderazgo, mientras que otras poseen un don excepcional para comunicar ideas de forma clara y persuasiva.

¿Te cuesta reconocer tus propios talentos? No te preocupes, es más común de lo que crees. A veces estamos tan inmersos en la rutina que pasamos por alto aquello que hacemos con naturalidad y que, sin embargo, tiene un gran impacto en los demás.

MÁS ALLÁ DE LAS FORTALEZAS: ABRAZANDO TU AUTENTICIDAD.

Pero el viaje no se detiene ahí. Además de reconocer tus talentos, es esencial que abraces tu verdadera esencia: **Tus pasiones. Tus valores. Tus experiencias. Tu forma personal de ver el mundo.**

No se trata de encajar en moldes predefinidos, sino de celebrar aquello que te distingue. **Tu autenticidad es tu mayor poder.** Es lo que te permite destacar, conectar genuinamente con los demás y dejar una huella significativa en el mundo.

TÚ VERDADERO PODER ESTÁ EN SER TÚ MISMO.

Aceptar tus fortalezas y abrazar tu autenticidad es liberador. Es el paso que te permite dejar de compararte con los demás y comenzar a confiar plenamente en lo que tú puedes aportar.

No intentes ser una copia de alguien más; el mundo necesita exactamente lo que tú eres.

Cuando descubres quién eres realmente y aprovechas tus talentos con confianza, el camino hacia tus sueños se aclara. Al honrar lo que te hace único, construyes una vida con propósito, satisfacción y plenitud. **Tu mayor potencial está esperando ser reconocido. ¡Descúbrelo y úsalo para conquistar tus sueños!**

CAPÍTULO 2

HAZ UN PLAN

Trazando tu rumbo:
Diseñando un plan estratégico para lograr tus sueños

LA IMPORTANCIA DE UN PLAN INTEGRAL PARA ALCANZAR TUS SUEÑOS

En el capítulo 1, hablamos sobre la importancia de tener una estrella polar que guíe nuestro camino hacia los sueños. Ahora, nos sumergiremos en un aspecto fundamental: la necesidad de contar con un plan integral que nos ayude a navegar los desafíos de la vida con éxito.

Si reflexiono sobre mi propia trayectoria, uno de mis primeros objetivos fue romper con el ciclo generacional de mi familia obteniendo un título universitario. Sin embargo, con el tiempo entendí que ese era solo el comienzo. Al llegar a mis treinta, tres grandes sueños convergieron en mi vida: convertirme en propietaria de una casa; ser madre, y avanzar profesionalmente. Aunque cada meta requería su propia estrategia, todas estaban interconectadas.

Volvamos por un momento al capítulo anterior, donde compartí mi anhelo de obtener una educación universitaria. Ese viaje me tomó diez años, dos intentos y estuvo lleno de desafíos, aprendizajes y momentos de duda. Hoy quiero resaltar un punto clave: la claridad, el autoconocimiento y la planificación son fundamentales para no desviarnos del camino. Yo misma aprendí esta lección por la vía difícil, perdiendo tiempo y energía en un rumbo que no se alineaba con mis verdaderas pasiones.

Cuando comencé la universidad a los dieciocho años, no tenía un modelo a seguir ni alguien en mi familia que pudiera orientarme. Afortunadamente, el becario de mi madre me ayudó a inscribirme, elegir mis materias, y fue gracias a sus consejos que decidí estudiar Administración de Empresas. En ese momento, parecía una decisión lógica: quería trabajar en una empresa y creía que esa carrera me abriría las puertas adecuadas.

Sin embargo, pronto descubrí que las materias no me apasionaban. Clases como Derecho Empresarial, Contabilidad e Informática me resultaban abrumadoras y distantes de mis verdaderos intereses.

Al mismo tiempo, trabajaba a tiempo completo para pagar mis estudios en los Estados Unidos y, además, ayudaba a mi madre con los pagos de su casa. La presión era constante y agotadora. Tras cuatro años de esfuerzo sostenido, sentía que avanzaba muy poco.

Como si los retos académicos y laborales no fueran suficientes, mi vida personal también dio un giro inesperado. Decidí casarme con Paco y mudarme al sur de México, lo que implicó suspender temporalmente mis estudios. Más tarde, tras vivir en la Ciudad de México y regresar a los Estados Unidos, me encontré en una etapa de gran incertidumbre, permitiendo que las circunstancias dictaran mi rumbo en lugar de tomar el control de mi destino.

No fue sino hasta que llegué a una verdadera encrucijada —cuando mis deseos de formar una familia y construir un hogar comenzaron a cobrar fuerza— que comprendí la urgencia de adoptar una planificación estratégica y proactiva para mi vida.

EL MOMENTO DE CAMBIO: ENCONTRANDO DIRECCIÓN Y PASIÓN.

Determinada a retomar el control de mi futuro, tracé una **línea de tiempo personal** con pasos claros para avanzar en mi educación. Lo que realmente marcó la diferencia fue un comentario casual de mi esposo que, al ver mi conflicto con la carrera de Administración de Empresas, me propuso considerar la de Psicología, señalando mi afinidad natural con la dinámica interpersonal.

Al principio fui escéptica. ¿Realmente sería la Psicología el camino correcto para mí? Sin embargo, decidí darle una oportunidad e inscribirme en una clase introductoria. Desde la primera lección, supe que había encontrado mi verdadera pasión. Esa revelación me llevó a cambiar de carrera sin dudarlo.

Con esta claridad recién descubierta, adopté la metodología **SMART.**

SMART es un acrónimo en inglés que te ayuda a definir objetivos de forma clara y efectiva. Cada letra representa una característica que tu meta debe tener para aumentar significativamente tus probabilidades de éxito:

- **S – Específico (Specific):** Define tu objetivo con claridad. No basta con decir "quiero estudiar" o "quiero mejorar". Pregúntate: ¿Qué quiero lograr exactamente? ¿Por qué es importante? ¿Dónde lo haré?

- **M - Medible (Measurable):** Establece cómo sabrás que estás avanzando. Un objetivo medible te permite seguir tu progreso con datos concretos.
- **A - Alcanzable (Achievable):** Tu meta debe ser retadora pero realista. Si te propones algo imposible en tu situación actual, terminarás frustrado.
- **R - Relevante (Relevant):** El objetivo debe estar alineado con tus valores, necesidades y propósito. No persigas algo solo porque otros lo esperan de ti.
- **T - Con fecha límite (Time-bound):** Toda meta necesita un plazo para concretarse. Sin una fecha, el riesgo de postergarla indefinidamente es muy alto.

Esta metodología me permitió transformar una intención vaga en un plan de acción concreto, medible y motivador.

Pasé de soñar con ser licenciada en Psicología, a convertirme en una.

Sabía que, para hacer realidad mis sueños, necesitaba **un equilibrio entre estabilidad financiera y flexibilidad académica**.

Así comenzó mi búsqueda de un empleo que no solo me proporcionara ingresos, sino que también me permitiera continuar con mis estudios. Finalmente, encontré un puesto que cambiaría mi vida: especialista en reclamaciones por discapacidad. Más allá de la seguridad financiera, este trabajo me ofrecía un horario flexible que encajaba perfectamente con mis aspiraciones educativas. Iniciaba mi jornada laboral a las 7:00 a.m. y terminaba a las 3:30 p.m., lo que me dejaba tiempo suficiente para asistir a clases de 5:00 p.m. a 9:00 p.m. en una universidad local.

ENCONTRANDO LA UNIVERSIDAD IDEAL.

Con mi determinación en su punto más alto, investigué meticulosamente distintas universidades públicas en busca de una que se ajustara a mi estilo de aprendizaje. Fue así como descubrí la **Universidad Estatal de California en Los Ángeles** cuyo sistema de trimestres me atrajo de inmediato.

A diferencia del formato tradicional de semestres de dieciocho semanas, su estructura de diez semanas ofrecía un enfoque intensivo pero dinámico, lo que encajaba con mi forma de aprender y mi apretada agenda. Al inscribirme, sentí que finalmente estaba encaminada hacia una educación alineada con mis intereses y circunstancias.

LA CLAVE: PLANIFICACIÓN ESTRATÉGICA PARA UN FUTURO CON PROPÓSITO.

Este proceso de aprendizaje, lleno de desvíos y ajustes, me enseñó una lección invaluable: **tener sueños no es suficiente; es necesario un plan bien estructurado para hacerlos realidad**. Cada meta, desde mi educación hasta la estabilidad financiera y la construcción de una familia, requirió una planificación cuidadosa, adaptación a las circunstancias y determinación.

Lo más importante que quiero transmitirte es que **nuestro camino no tiene que ser lineal para ser exitoso**. Los giros inesperados, los errores y los momentos de duda son parte del proceso. Lo esencial es **tener claridad sobre lo que queremos, ser flexibles ante los cambios y estar dispuestos a recalibrar nuestro rumbo cuando sea necesario**.

Así que si alguna vez sientes que estás estancado o sin dirección, recuerda: **tus sueños son alcanzables, pero necesitan estructura, compromiso y un plan de acción realista**. Tómate el tiempo para definir tus objetivos, encontrar el camino adecuado para ti y avanzar con determinación. Al final, cada esfuerzo sumará para acercarte a la vida que deseas.

UNA OPORTUNIDAD QUE CAMBIÓ EL RUMBO.

Las estrellas parecían alinearse cuando mi nuevo empleador me brindó un beneficio inesperado: **el reembolso de la colegiatura**. Esta sorpresa no solo alivió la carga financiera de continuar mis estudios, sino que también reafirmó el compromiso de la empresa con el crecimiento de sus empleados. Con este respaldo en mano, me embarqué en mi camino académico con renovada energía y una profunda motivación, sabiendo que cada paso me acercaba tanto al desarrollo profesional como a la realización personal.

Mi situación financiera experimentó una transformación positiva. Mi nuevo puesto no solo me ofrecía la tan anhelada flexibilidad para compaginar trabajo y estudios, sino que también representaba un incremento en mis ingresos en comparación con mi empleo anterior en una agencia de seguros. Este aumento, sumado al reembolso de la colegiatura, nos permitió sentar las bases de un sueño largamente acariciado: **convertirnos en propietarios de una casa**. Más allá de la estabilidad financiera, significaba independencia, seguridad y la oportunidad de construir un hogar con propósito.

El conjunto de factores: un horario laboral flexible, el apoyo financiero de la empresa en la que laboraba, la estabilidad económica y el crecimiento profesional, me situó en una trayectoria de progreso sin precedentes. Estaba entrando en un capítulo transformador de mi vida marcado por el aprendizaje, el esfuerzo estratégico y la consecución de metas que años atrás parecían inalcanzables.

LA CONSTRUCCIÓN DE UN SUEÑO: NUESTRO PRIMER HOGAR

A pesar de nuestros humildes comienzos en un garaje reconvertido, cada sacrificio y cada decisión financiera estaban orientados a un objetivo mayor. Con disciplina y planificación estratégica, logramos ahorrar lo suficiente para comprar nuestra primera casa. No era solo un inmueble: era el símbolo de nuestra resiliencia y determinación, la prueba tangible de que los sueños se construyen con paciencia, visión y constancia.

Más adelante en este libro compartiré esa historia con detalle, porque fue una experiencia que puso a prueba no solo nuestra planificación financiera, sino también nuestra fe, creatividad y persistencia.

Mientras avanzaba hacia la culminación de mis estudios, mi vida profesional también estaba en plena evolución. Me sentía impulsada a seguir creciendo y sabía que el siguiente paso lógico era hacer la transición de un puesto técnico a uno de asesoría.

Pero este nuevo desafío no solo requería aspiración, sino también diferenciación. Para destacar, necesitaba demostrar habilidades más allá de lo esperado: dominar las ayudas laborales, los procedimientos operativos estándar y, sobre todo, aportar un valor agregado único que hiciera la diferencia en mi trabajo.

DESCUBRIENDO MI VENTAJA COMPETITIVA

Fue en ese entorno de cubículos donde hice una observación clave: los angloparlantes enfrentaban constantes dificultades al atender a los clientes hispanohablantes. Las entrevistas iniciales eran particularmente complicadas, ya que involucraban información detallada sobre citas médicas, regímenes de medicación y terapias. La dependencia de traductores ralentizaba los procesos y, en muchos casos, generaba frustración tanto para los empleados como para los clientes.

Entonces tuve un momento de claridad:

Me di cuenta de que mi bilingüismo era un activo invaluable. Con esta ventaja en mente, propuse una solución a mi gerente: asumir personalmente todas las llamadas y reclamaciones en español, eliminando la necesidad de intérpretes y mejorando significativamente la calidad del servicio.

Esta propuesta no solo optimizó la experiencia del cliente hispanohablante, sino que también redujo costos operativos para la empresa y agilizó los procesos.

Fue así como alcancé un hito importante: un ascenso de especialista a una nueva posición como Especialista Bilingüe Sénior en Reclamaciones por Discapacidad. Una posición que me permitió innovar, destacar y aportar un valor tangible a la organización.

LA TRIFECTA DE MIS SUEÑOS: EDUCACIÓN, HOGAR Y MATERNIDAD

En medio de estos avances profesionales, un anhelo profundo comenzaba a ocupar mis pensamientos y mi corazón: ser madre. A medida que se acercaba mi graduación, sentí que el momento era el adecuado. Con una planificación meticulosa, alineé mi deseo de maternidad con la finalización de mis estudios, asegurándome de cerrar un capítulo antes de abrir otro.

La vida, en su infinita sabiduría, aceleró el proceso: quedé embarazada casi de inmediato, lo cual hizo que el parto ocurriera dos meses antes de lo previsto. Nuestro hijo nació en mayo, y mis clases terminaban a mediados de junio.

Lejos de verlo como un obstáculo, comprendí que mi preparación previa —mi claridad de objetivos, mi horario laboral estratégico y el apoyo de quienes me rodeaban— me permitirían transitar ese momento con equilibrio. Mis compañeros de clase y profesores fueron generosos con su apoyo durante el nacimiento de mi hijo y mi ausencia de clases por dos semanas.

A ello se sumó el valioso respaldo de nuestra querida nana, a quien cariñosamente llamábamos *Mami Doza*. Ella estuvo más que dispuesta a cuidar a nuestro primogénito, **Francisco Axel,** para que yo pudiera finalizar lo que tantos años y esfuerzo me había costado: obtener mi licenciatura y graduarme.

La maternidad llegó a mi vida en el momento perfecto, no por suerte, sino porque había sembrado cuidadosamente el terreno para recibirla. Así completé la trifecta de logros que había visualizado y planeado alcanzar a los treinta años: obtener mi título universitario, comprar nuestra primera casa y formar una familia.

Este capítulo de mi vida no solo fue un testimonio de amor y compromiso, sino una confirmación viviente de lo que te comparto en este libro: **cuando defines tus metas con claridad, creas un plan realista y te mantienes firme en tu propósito, los sueños dejan de ser una ilusión para convertirse en destino.**

NUEVOS DESAFÍOS Y UNA NUEVA MISIÓN.

El crecimiento no se detuvo ahí. Poco después de convertirme en madre, me notificaron que, a mi regreso de la baja por maternidad, asumiría un nuevo rol: **mentora de aprendices**. Esta oportunidad resonaba profundamente con mi pasión por la enseñanza y se alineaba perfectamente con mis conocimientos en gestión de reclamaciones por discapacidad.

Este nuevo reto representaba mucho más que un ascenso. Era la confirmación de que cada decisión tomada, cada esfuerzo invertido y cada obstáculo superado habían sido parte de una trayectoria cuidadosamente trazada. Al aceptar los desafíos con determinación y aprovechar mis fortalezas de manera estratégica, me abría paso en el mundo profesional con confianza, sentando las bases para un futuro de éxito y crecimiento continuo.

UN SUEÑO COMPARTIDO: EXPLORAR EL MUNDO

Nuestra vida no gira únicamente en torno al trabajo y la educación. Mi esposo y yo compartimos un sueño: viajar y crear recuerdos inolvidables explorando el mundo. Queremos ver con nuestros propios ojos esos lugares que antes solo habíamos contemplado en libros, revistas de viajes o documentales. Desde el momento en que nos casamos, hicimos de los viajes una prioridad. Año tras año, nos propusimos descubrir al menos un nuevo destino, y en algunas ocasiones, incluso tuvimos la dicha de visitar más de uno en el mismo año.

Para que este sueño se hiciera realidad, la **planificación estratégica** y una **visión clara del panorama** fueron fundamentales. Cada noviembre y diciembre, nos sentamos juntos a organizar nuestras vacaciones del año siguiente, aprovechando al máximo los periodos de primavera y verano. Ahorrar con disciplina, revisar las fechas escolares, coordinar permisos laborales, organizar el transporte al aeropuerto y buscar las mejores ofertas forman parte de nuestro proceso minucioso de preparación.

Gracias a este enfoque estructurado, en nuestros más de treinta años de matrimonio hemos viajado a más de veinticinco países, incluyendo Islandia, Croacia, Italia, España, Argentina y Brasil, por mencionar solo algunos. También hemos explorado lugares locales: parques nacionales, playas paradisíacas y parques de atracciones que nos han permitido disfrutar tanto de la naturaleza como de la emoción de nuevas experiencias.

Con el tiempo, comprendimos que la fórmula para cumplir nuestros sueños de viaje podía aplicarse a **cualquier otro objetivo en la vida**. Sin importar su magnitud, cada meta requiere **visión, planeación y determinación**. Cuando el corazón y la mente están alineados con un propósito, no hay razón para no perseguirlo con la misma dedicación.

EL MÉTODO PARA ALCANZAR OBJETIVOS: UN CAMINO ESTRATÉGICO.

En el siguiente capítulo, profundizaré en los desafíos y estrategias que utilicé para alcanzar uno de mis mayores logros: **convertirme en propietaria de una vivienda**.

Compartiré un desglose detallado de los cinco métodos clave que me permitieron cumplir mis principales metas antes de los treinta años: **completar mis estudios universitarios, comprar una casa, formar una familia, viajar y lograr un ascenso profesional**.

Las siguientes metodologías que te presento son solo algunos ejemplos que puedes adaptar a tus necesidades, tal y como yo lo hice. No hay una forma única de aplicarlas: puedes utilizarlas tal cual están descritas o combinarlas según el tipo de meta que desees alcanzar. La clave está en encontrar el enfoque que mejor se adapte a tu estilo de trabajo y objetivos personales.

Si hay algo que he aprendido en este viaje es que el éxito rara vez es producto de la casualidad. Se requiere una estrategia bien definida y la primera pieza fundamental de ese proceso es **comprender el panorama y realizar una investigación profunda**.

ENTENDER EL PANORAMA Y HACER UNA INVESTIGACIÓN EFECTIVA.

Cualquier meta, ya sea académica, profesional o personal, requiere una base sólida de información y conocimiento de la misma. Aquí te comparto los pasos esenciales para investigar con eficacia y eficiencia y, de esta forma, tomar decisiones informadas:

1. **Define tu objetivo.**
   Antes de sumergirte en la investigación es esencial **tener claridad sobre lo que deseas lograr**. ¿Quieres elegir una carrera universitaria? ¿Encontrar un nuevo empleo? ¿Empezar un negocio? ¿Planear unas vacaciones? ¿Remodelar tu casa? Definir tu meta te ayudará a enfocar tu búsqueda y maximizar tu tiempo.

2. **Recopila información de diversas fuentes.**
   Una investigación efectiva implica consultar múltiples fuentes de información como:

   - **En línea:** Utiliza motores de búsqueda, plataformas educativas y redes profesionales para obtener información relevante.
   - **Libros y publicaciones:** Recurre a libros especializados, revistas académicas y publicaciones del sector de tu interés para profundizar en el tema.
   - **Consejo de expertos:** Busca mentores o profesionales con experiencia que puedan orientarte y compartir conocimientos valiosos.
   - **Encuestas y entrevistas:** Conversar con personas que han recorrido caminos similares puede darte una perspectiva realista y consejos prácticos.

3. **Analiza y sintetiza la información.**
   No se trata solo de acumular datos, sino de identificar patrones, tendencias y conocimientos clave que guíen tus decisiones.

4. **Considera diferentes perspectivas.**
   Explorar distintos puntos de vista te permitirá anticipar posibles desafíos y oportunidades. Un enfoque flexible y bien informado aumenta tus probabilidades de éxito.

5. **Evalúa tus recursos y limitaciones.**
   Antes de dar el siguiente paso, es importante

hacer un balance de los recursos disponibles: tiempo, dinero, apoyo familiar o profesional. Identificar restricciones te permitirá desarrollar las estrategias oportunas para superarlas.

6. **Mantente actualizado.**
   El mundo está en constante cambio. **Seguir aprendiendo y estar al tanto de las tendencias y novedades en tu campo de interés** te dará una ventaja competitiva y te permitirá adaptarte con rapidez.

7. **Solicita retroalimentación.**
   Compartir tus hallazgos con mentores o personas de confianza te brindará **perspectivas adicionales y posibles mejoras** en tu plan de acción.

Al seguir estos pasos con curiosidad y disciplina, lograrás construir una visión clara y bien fundamentada de tus objetivos. **Cada decisión informada te acerca un paso más a la vida que deseas construir**.

CREANDO TU PROPIA HOJA DE RUTA: LA LÍNEA DE TIEMPO PERSONAL.

Imagina que tienes un mapa en tus manos, una guía que te ayuda a visualizar tu camino hacia el futuro. Eso es exactamente lo que una **línea de tiempo personal** puede hacer por ti: convertirse en una herramienta estratégica para organizar y dar estructura a tus metas, marcando hitos importantes en el trayecto. Tener un plan claro **te mantiene enfocado, motivado y en control de tu propio progreso**. Aquí te mostraré cómo crearla y, más importante aún, cómo hacer que funcione para ti.

1. **Define tu objetivo.**
   Antes de trazar cualquier ruta, necesitas saber a dónde quieres llegar. Piensa en los aspectos de tu vida que deseas mejorar: ¿Es tu educación? ¿Tu carrera? ¿Tus relaciones? ¿Tu bienestar? **Define esos objetivos con claridad** para que tu camino tenga un propósito real.

2. **Divide los objetivos en metas alcanzables.**
   Las grandes metas pueden sentirse abrumadoras si las ves como un solo bloque. Por eso, **desglosarlas en pequeños hitos** hace que cada paso sea más alcanzable y motivador. Cada hito es un recordatorio de que avanzas en la dirección correcta.

3. **Ponles fecha a tus logros.**
   Asigna **plazos realistas** a cada hito. Puede ser en semanas, meses o años, dependiendo de la magnitud de la meta. Un plazo no es una presión innecesaria, sino un compromiso contigo mismo para hacer que las cosas sucedan.

4. **Prioriza lo que realmente importa**
   No todas las tareas tienen el mismo peso, ni contribuyen de igual forma al logro de tus objetivos. Enfócate en aquellas acciones que tengan un impacto directo y significativo en tu camino. Una forma práctica de hacerlo es hacer una lista de todas tus tareas y asignarles un nivel de prioridad: alto, medio o bajo, dependiendo de cuánto aportan al resultado final que deseas

alcanzar. Aprender a priorizar es clave para avanzar sin dispersarte y mantener tu energía enfocada en lo que realmente genera progreso.

5. **Asegura los recursos necesarios.**
   Cada meta requiere ciertos recursos: tiempo, dinero, conocimientos, apoyo emocional. Identifica qué necesitas y **ajusta tu planificación para que sea viable**.

6. **Visualiza tu camino.**
   Una línea de tiempo visual, ya sea un calendario, una aplicación de gestión de proyectos, te permite **ver tu progreso con claridad**. Esto te ayuda a mantenerte enfocado y motivado.

7. **Revisa y ajusta según sea necesario.**
   La vida no es estática y tus metas tampoco deberían serlo. **Reevalúa tu progreso con regularidad** y ajusta tu planificación si es necesario. La flexibilidad es clave para adaptarte a nuevas circunstancias.

8. **Responsabilízate de tu propio éxito.**
   Comprométete con tu línea de tiempo y **cumple con lo que te has propuesto**. Si necesitas apoyo extra, comparte tu plan con alguien de confianza que pueda motivarte y ayudarte a mantener el rumbo.

9. **Celebra cada logro.**
   No esperes a llegar a la meta final para sentirte orgulloso. **Cada hito alcanzado es un triunfo** y merece ser reconocido. Celebra tu progreso y úsalo como combustible para seguir adelante.

10. **Reflexiona y mejora continuamente.**
Mira hacia atrás de vez en cuando: **¿Qué funcionó? ¿Qué podrías hacer mejor?** Ajusta tu estrategia para que siempre esté alineada con tu crecimiento y evolución personal.

Una línea de tiempo personal no es solo un plan, es **una declaración de compromiso contigo mismo**. Te ayuda a visualizar tu futuro y a caminar hacia él con determinación y claridad.

OBJETIVOS SMART: CÓMO TRANSFORMAR SUEÑOS EN REALIDAD.

A veces nuestras metas parecen sueños lejanos porque no sabemos cómo convertirlas en realidad. Es aquí donde entra en juego la metodología **SMART**, desarrollada en los años 80 por George T. Doran; Arthur Miller y James Cunningham. A pesar del tiempo, sigue siendo una herramienta clave para transformar aspiraciones en logros concretos. SMART es un acrónimo que nos recuerda que nuestros objetivos deben ser:

Específicos.

Ejemplo: En lugar de decir *"Quiero mejorar mi estado físico"*, podrías plantear *"Voy a correr 5 km en menos de 30 minutos antes de fin de año"*.

Medibles

Ejemplo: Si tu meta es correr 5 km en menos de 30 minutos, podrías medir tu progreso controlando la distancia y el tiempo en cada entrenamiento.

Alcanzables.

Ejemplo: Si actualmente corres 5 km en 40 minutos, no tiene sentido fijarte la meta de hacerlo en 20 minutos en solo un mes. **Un objetivo más alcanzable sería mejorar tu tiempo en 1-2 minutos cada mes.**

Relevantes.

Ejemplo: Si tu objetivo es mejorar tu salud en general, podrías complementar tu entrenamiento con una con un plazo definido.

Ejemplo: No digas *"Quiero correr más rápido"*, di *"Voy a correr 5 km en menos de 30 minutos antes del 31 de diciembre"*.

Cuando aplicas el método **SMART, tus metas dejan de ser sueños difusos y se convierten en planes concretos con altas probabilidades de éxito.**

EL PODER DEL DISEÑO INVERSO.

El diseño inverso (*Backward Design*) es una poderosa herramienta estratégica que puede transformar por completo la forma en cómo planificas y alcanzas tus objetivos. Introducido por el educador estadounidense Ralph W. Tyler en 1949 y popularizado por Grant Wiggins y Jay McTighe en su libro *Understanding by Design*[1], este enfoque te invita a imaginar tu meta final con total claridad y, luego, trabajar hacia atrás para trazar el camino que te llevará a alcanzarla.

[1]Para profundizar, *Understanding by Design* (1998) detalla cómo esta metodología se puede aplicar en entornos educativos y profesionales, ofreciendo un marco claro para la planificación inversa.

Piensa en un arquitecto diseñando un rascacielos: cada detalle está calculado, cada paso es intencional. Ahora imagina que puedes planificar tu éxito con la misma precisión. **El diseño inverso** te permite convertir esa visión en una realidad palpable.

A continuación, te comparto cómo aplicarlo paso a paso para que puedas comenzar hoy mismo:

1. Visualiza el Futuro.

Cierra los ojos e imagina el resultado que deseas alcanzar. No te limites, **sueña en grande**. ¿Quieres lanzar tu propio negocio? ¿Publicar un libro? ¿Ascender en tu carrera profesional? Visualiza ese momento en detalle: ¿Dónde estás? ¿Cómo te sientes? ¿Quién está celebrando contigo?

Este ejercicio no solo aviva tu motivación, sino que también te permite darle forma concreta a tus aspiraciones.

2. Fija una Fecha Clave.

Asigna una fecha concreta a tu visión. No basta con decir "algún día". **Ponle fecha a tu sueño**: ¿Cuándo quieres lograrlo? Establecer un plazo claro te proporciona dirección y un sentido de urgencia que impulsa a la acción.

3. Viaja mentalmente al futuro y retrocede.

Imagina que ya has alcanzado tu meta. Ahora, mentalmente viaja hacia atrás paso a paso: ¿Qué acciones clave te llevaron a ese momento? ¿Qué decisiones fueron determinantes? Este ejercicio revelará los pasos críticos que quizás no habías considerado.

4. Define hitos y tareas específicas

Divide tu camino en pequeñas metas o "hitos" alcanzables. Cada uno representa un avance significativo en tu trayecto. Al desglosar tu meta en tareas concretas, el camino se vuelve menos abrumador y más manejable.

5. Organiza tus pasos en orden lógico

Ahora que has identificado los hitos, colócalos en orden cronológico. Asegúrate de que cada acción tenga sentido en la secuencia general de tu plan. Visualiza cómo cada paso te acerca más a tu meta.

6. Asigna recursos y tiempo

Identifica qué herramientas, habilidades y personas necesitas en cada fase de tu plan. Evalúa honestamente cuánto tiempo tomará cada tarea y distribuye tus recursos de forma estratégica.

7. Crea tu hoja de ruta personalizada.

Convierte tus pasos en un cronograma claro y detallado. Establece plazos realistas, asigna responsabilidades si trabajas en equipo y mantén siempre presente tu fecha clave. Esta hoja de ruta será tu brújula para avanzar con precisión.

8. Evalúa y celebra tu progreso

El éxito no se construye de la noche a la mañana. Programa evaluaciones periódicas para medir tu avance. Si algo no está funcionando, ajusta tu plan sin dudarlo y, lo más importante, **celebra cada logro** porque, por pequeño que parezca, cada paso cuenta y te acerca a tu meta.

9. Mantente flexible ante los obstáculos

El camino hacia el éxito rara vez es lineal. Habrá desvíos, imprevistos y obstáculos que pondrán a prueba tu determinación. **La clave no está en evitar los problemas, sino en saber adaptarte cuando surgen.**

Mantén una mente abierta y dispuesta a ajustar tu ruta si es necesario. La flexibilidad te permite no perder el impulso cuando las cosas no salen como esperabas.

Por ejemplo:

Imagina que habías planeado lanzar tu emprendimiento en marzo, pero por razones fuera de tu control —como una crisis económica o problemas personales— tu presupuesto se reduce drásticamente. En lugar de abandonar la idea, puedes reajustar el calendario, reducir el alcance inicial del proyecto o buscar alianzas estratégicas.

Lo importante es no perder de vista tu objetivo final, aunque el camino cambie.

Recuerda: **ser flexible no significa rendirse, sino moverse con inteligencia.** Adaptarse es avanzar.

10. ¡Actúa Hoy!

El paso más importante es el primero. **Empieza ahora mismo.** No esperes el momento "perfecto" porque ese día nunca llegará. Toma una pequeña acción concreta que te acerque a tu meta. Ese primer paso, por insignificante que parezca, será el que ponga en marcha todo el proceso.

Tener una visión clara de tus metas, estructurarlas en una línea de tiempo, hacerlas SMART **te da poder sobre tu propio destino**. No hay éxito sin acción, y cada paso bien planificado te acerca un poco más a la vida que deseas. **¿Listo para dar el primer paso?**

Recuerda: tus sueños son alcanzables si te atreves a diseñar el camino hacia ellos. El momento de empezar es ahora.

EL REEMBOLSO DE COLEGIATURA: UNA OPORTUNIDAD PARA CRECER Y AVANZAR.

El reembolso de colegiaturas académicas se ha convertido en una poderosa herramienta para los empleados que desean seguir formándose sin abandonar su trabajo. Más que solo un beneficio financiero, es una oportunidad de crecimiento personal y profesional que puede cambiar el rumbo de una carrera. Aquí te comparto algunos ejemplos que ilustran cómo este recurso puede ser clave en tu camino al éxito:

1. **Apoyo financiero** La educación puede ser costosa y el reembolso de matrícula ofrece un alivio valioso. Al cubrir parcial o totalmente los costos de colegiaturas, libros y otros gastos académicos, se eliminan barreras económicas que impiden avanzar en la formación.

2. *Ejemplo:* Mariana, una representante de atención al cliente, quería obtener un título en Administración de Empresas. Sin embargo, el costo de la universidad era un obstáculo. Gracias al reembolso de colegiaturas que le ofrecía su empresa, Mariana pudo pagar la colegiatura sin agobios económicos y avanzar en su carrera profesional.

3. **Desarrollo profesional** Este beneficio motiva a los empleados a adquirir nuevas habilidades y conocimientos relevantes para sus funciones o el sector en el que trabajan. Esta inversión en educación fortalece tanto al individuo como a la empresa.

4. *Ejemplo:* Aarón, un colaborador del departamento de sistemas, utilizó el reembolso de matrícula para inscribirse en un curso intensivo de programación web. Esta decisión no solo fortaleció sus habilidades técnicas, sino que también impulsó su carrera dentro de la empresa.

5. **Retención y lealtad** Las empresas que invierten en sus empleados a través de este tipo de programas generan mayor lealtad y satisfacción en sus equipos. Los empleados valoran el

apoyo recibido y se sienten comprometidos a permanecer en la organización.

6. *Ejemplo:* Leonor estaba considerando cambiar de trabajo, pero decidió quedarse cuando su empresa le ofreció reembolso de colegiatura para cursar una maestría en Mercadotecnia. Gracias a esta oportunidad, Leonor no solo creció profesionalmente, sino que también fortaleció su vínculo con la empresa.

7. **Adquisición de habilidades clave** Al facilitar el acceso a la formación especializada, las empresas pueden dotar a sus empleados de habilidades estratégicas que impulsan la innovación y el crecimiento organizacional.

Ejemplo: Mario, un ingeniero principiante, aprovechó el reembolso de colegiatura para certificar sus conocimientos en energía solar, destacándose así en un mercado laboral en constante evolución.

El reembolso de colegiatura no es solo una ayuda económica, sino una inversión en tu potencial. Si tu empresa ofrece este beneficio, no dudes en aprovecharlo; puede marcar la diferencia entre quedarte en el mismo lugar o avanzar hacia tus metas.

¡TOMA ACCIÓN!

En última instancia, el mayor obstáculo que enfrentamos suele ser la inercia. No importa cuán ambicioso sea tu objetivo; nada sucederá hasta que decidas dar el primer paso. Aquí hay algunas razones clave que demuestran por qué actuar es la mejor decisión:

1. **Superar la inercia:** El primer paso es el más difícil, pero una vez que lo das, el impulso crece.
2. **Construir confianza:** Cada acción, por pequeña que sea, fortalece la seguridad en ti mismo.
3. **Obtener claridad:** La acción te brinda información veraz sobre qué funciona y qué no.
4. **Crear impulso:** Las acciones pequeñas y constantes se convierten en avances significativos.
5. **Aprovechar las oportunidades:** Solo quienes se mueven están listos para aprovechar oportunidades cuando surgen.
6. **Evitar el arrepentimiento:** No te quedes preguntándote "¿Qué hubiera pasado si...?". Da el paso y construye una vida de logros y satisfacción.
7. El camino hacia tus metas empieza **ahora.** No esperes a que las circunstancias sean perfectas; la clave está en comenzar. ¡Da ese primer paso hoy mismo y transforma tus sueños en **realidad!**

CAPÍTULO 3

APEGATE A EL PLAN

Navegando los Desafíos con Determinación

EL PODER DE UN PLAN Y LA DETERMINACIÓN PARA CUMPLIRLO

A lo largo de mi vida he aprendido que los logros más significativos no son fruto de la suerte ni del azar, sino el resultado de un plan bien pensado y una determinación inquebrantable. Cada meta que he alcanzado, desde mis años como estudiante, pasando por objetivos financieros importantes, la alegría de ser madre de tres hijos, hasta las experiencias de mudarme a diferentes países por motivos profesionales, ha sido el producto de una combinación clave: planificación meticulosa y perseverancia.

Nada de esto ocurrió por casualidad. Cada logro comenzó con un sueño claro, que se fue transformando en objetivos concretos y accionables que me acercaron, paso a paso, a los resultados que anhelaba.

Sin embargo, la vida es impredecible. En el camino encontré desafíos, momentos de incertidumbre y giros inesperados que amenazaron con desviarme del rumbo. Es aquí donde la autodisciplina y la fe se volvieron mis mayores aliadas. Son estas cualidades las que te mantienen en pie cuando la vida se complica; las que te impulsan a avanzar aunque sea con pequeños pasos día tras día.

Las historias de personas que han logrado grandes cosas son testimonio del poder de mantenerse firme en el plan.

Piensa en **Arnold Schwarzenegger**, quien no solo dominó el fisicoculturismo ganando múltiples títulos de *Mr. Universo* y *Mr. Olympia*, sino que también triunfó en Hollywood y cumplió dos mandatos como gobernador de California. Su éxito no fue casualidad; cada etapa fue parte de un plan cuidadosamente ejecutado.

Luego está **Madam C.J. Walker**, quien se convirtió en la primera mujer millonaria hecha a sí misma en Estados Unidos. Con determinación, construyó un imperio en la industria de la belleza para mujeres afroamericanas, creando además un modelo de ventas innovador que empoderó a cientos de mujeres a prosperar económicamente.

O recuerda a **José Hernández**, un ingeniero mexicano estadounidense que pasó de trabajar en los campos agrícolas de California a convertirse en astronauta de la NASA. Inspirado por el alunizaje que presenció de niño, José trazó su camino paso a paso enfrentando múltiples rechazos hasta que finalmente cumplió su sueño de viajar al espacio.

Historias como estas me han marcado profundamente. Me enseñaron que no basta con tener un plan: hay que seguirlo con disciplina y convicción, incluso cuando el camino se vuelve difícil.

Puede que mi historia no sea tan conocida como la de figuras reconocidas mundialmente, pero sé de primera mano lo que significa mantenerse firme en un plan. He vivido en carne propia el poder transformador de la perseverancia, y esa experiencia me ha enseñado que la clave para convertir los sueños en realidad está en no rendirse, en seguir adelante incluso cuando el camino se vuelve difícil.

Y si necesitas una prueba de que es posible, aquí tienes no una sino dos historias muy personales.

Yo creo en ti. Sé que tienes el poder de diseñar y construir el futuro que deseas. ¡Adelante, tu éxito está más cerca de lo que imaginas!

HISTORIA N.° 1: NUESTRA PRIMERA CASA Y EL PODER DE LA VISIÓN Y LA FE

En capítulos anteriores, mencioné nuestros humildes comienzos, cuando mi esposo y yo llegamos a los Estados Unidos con menos de mil dólares y nuestros sueños empaquetados en dos maletas. Durante los primeros cinco años, nuestra vida transcurrió en un garaje convertido en un pequeño estudio. Allí, con un diminuto baño y una cocinita básica, hice mis primeros intentos en la cocina, preparando platillos sencillos que alimentaron no solo nuestro cuerpo, sino también nuestros deseos de que algún día tuviéramos un departamento propio.

Pero mi esposo veía más allá. Su visión siempre fue más grande y ambiciosa. Esa diferencia es precisamente lo que nos complementa tan bien, ya que entre ambos equilibramos nuestros sueños compartidos.

Un día, mientras regresábamos del trabajo, mi esposo señaló un complejo de casas adosadas recién construidas en Pasadena, California. Con aparente casualidad, mencionó la idea de que algún día podríamos vivir allí. Sus palabras plantaron en mí la primera semilla de un sueño que, en ese momento, parecía tan distante como aprender a navegar en un país completamente nuevo.

¿Cómo íbamos a comprar una casa cuando apenas estábamos aprendiendo a manejarnos en este entorno?

Aun así, esa visión quedó grabada en mi mente. A pesar de mis dudas, decidimos seguir ahorrando para el pago inicial, sin conocer con exactitud los requisitos ni los costos que enfrentaríamos.

Durante esos años trabajamos incansablemente. Mi esposo acumulaba setenta y dos horas semanales con dos empleos, mientras yo compaginaba el mío con mis estudios universitarios. Nuestros días eran agotadores, pero cada sacrificio tenía un propósito. Con esfuerzo y disciplina, logramos comprar nuestros primeros tres carros, cada uno representando un paso más hacia la estabilidad, la movilidad y nuestra independencia. Además, comenzamos a vivir uno de nuestros sueños más preciados: viajar. No solo exploramos destinos locales, sino que también tuvimos la dicha de visitar lugares como Jamaica y Brasil, experiencias que nos llenaron el alma y nos recordaron que el esfuerzo también puede dar frutos extraordinarios.

El 1 de enero del año 2000, decidimos visitar el complejo que tanto había llamado nuestra atención con unos amigos: *Rosewalk Way*. Al llegar, nos encontramos con una comunidad cerrada, rodeada de jardines verdes y una piscina comunitaria que parecía sacada de una postal. Lo que para mí era un simple paseo, para mi esposo fue una afirmación: "Aquí viviremos algún día", dijo con seguridad. En ese momento, me permití soñar.

A principios de 2001, cuando Paco vio el letrero de "Se Vende" en una de esas casas, llamamos al agente inmobiliario esa misma noche. Yo sentí una mezcla de emoción y miedo. A la mañana siguiente, descubrimos que necesitábamos nuestro propio agente de bienes raíces, así que conseguimos uno joven e inexperto, pero con una energía contagiosa que terminó siendo clave en nuestro proceso.

Aunque tomé un curso para primeros compradores que nos benefició con un pago inicial reducido, nuestro mayor obstáculo surgió cuando nos dimos cuenta de que nos faltaban $5,000.00 dólares para completar el cierre. ¡No los teníamos!

Fue entonces cuando ocurrió algo inesperado. Un accidente en nuestro Alfa Romeo —el más viejito de los tres carros—, que en un principio creí una desgracia, resultó ser una bendición disfrazada. El seguro pagó $3,500.00 dólares y, además, logramos vender el auto accidentado por $1,500.00 dólares, completando justo la cantidad que necesitábamos. Lo mejor de todo es que aún conservábamos nuestro VW Beetle y una Land Rover, lo que nos permitió seguir moviéndonos sin dificultades y sin incurrir en ningún gasto adicional.

Ese momento me enseñó una gran lección: a veces, lo que parece una pérdida es en realidad el impulso que necesitábamos para dar el siguiente paso. Las bendiciones muchas veces llegan disfrazadas de obstáculos.

Los milagros no terminaron allí. La antigua dueña de la propiedad —vendedora de la casa y también nuestra asesora hipotecaria— nos hizo una propuesta que cambió por completo nuestra situación financiera. Nos pidió permanecer un mes más en la casa, pagándonos el equivalente exacto a nuestra primera cuota hipotecaria como renta. Ese acto inesperado alivió nuestra carga económica inmediata y nos permitió iniciar esta nueva etapa con mayor tranquilidad.

En junio de 2001, finalmente nos mudamos a nuestra casa en Rosewalk. No fue solo la culminación de un sueño; fue la confirmación de que la visión, la fe y la perseverancia son ingredientes fundamentales para que lo imposible se convierta en realidad.

Esta experiencia me enseñó que, aunque los caminos pueden ser inciertos y los obstáculos inesperados, cuando te mantienes firme en tu visión y confías en que el universo conspirará a tu favor, las piezas comienzan a encajar.

¿La lección más valiosa?

Cuando crees en tus sueños y te comprometes a trabajar por ellos, la vida te provee de personas, oportunidades e incluso giros inesperados que te acercan a tu objetivo.

Te invito a que te atrevas a soñar en grande. No importa cuán lejana parezca tu meta: mantén la fe, actúa con perseverancia y abre tu corazón a las oportunidades inesperadas.

Yo confío en ti y en tus habilidades para crear tu futuro. ¡Toma acción y haz que suceda!

HISTORIA N.º 2: CONVERTIRME EN JEFA DE DEPARTAMENTO

Todavía puedo recordar con claridad el día en que comencé mi carrera en el mundo empresarial estadounidense. Tenía 28 años, recién ingresada a la universidad, y me incorporé como especialista en prestaciones por discapacidad, el puesto inicial en la jerarquía organizacional.

En ese entorno descubrí una herramienta que transformaría mi desarrollo profesional: una detallada guía de **Trayectoria Profesional**. Esta guía desglosaba con precisión las habilidades, métricas y comportamientos necesarios para ascender dentro del departamento, culminando en el codiciado nivel de consultor, reconocido tanto por sus exigencias técnicas como por su prestigio.

Tuve la fortuna de contar con una gerente extraordinaria. No solo predicaba con el ejemplo, sino que exigía excelencia en cada tarea. Ella me enseñó que la excelencia no es una meta ocasional, sino una forma de vida. Gracias a su liderazgo, aprendí a identificar oportunidades estratégicas que fueron clave en mi desarrollo profesional.

Determinada a avanzar, guardé una copia de la guía en mi cubículo y diseñé un plan para cumplir con cada requisito de ascenso. Mi meta era clara: convertirme en jefa de departamento antes de cumplir 40 años. Lo dije en voz alta a mis colegas con total convicción y, aunque algunos se mostraron escépticos, no lograron desanimarme. Visualizaba ese despacho en la esquina, con ventanales amplios que ofrecían una vista espectacular de los rascacielos de Los Ángeles, una sala de juntas, una asistente ejecutiva y, sobre todo, el orgullo de haber llegado hasta allí por mérito propio.

Sin embargo, mi ambición no se detenía ahí. En 2003, decidí fijar un nuevo objetivo: obtener una maestría que impulsara mi carrera hacia la dirección de equipos. Sabía que debía elegir un programa compatible con mi realidad: acelerado, local, diseñado para profesionales de tiempo completo y que no exigiera el temido GRE —un examen estandarizado en inglés que muchas universidades en Estados Unidos requieren para el ingreso a estudios de posgrado—. También tenía claro que no quería cursos financieros extensos, ya que ese no era mi fuerte.

Tras una exhaustiva búsqueda, encontré el programa ideal en **Azusa Pacific University**. Consciente de que este reto no lo podía enfrentar sola, y de que necesitaba una **compañera de responsabilidad** —alguien con quien compartir el compromiso, mantener el enfoque y rendir cuentas mutuamente—, invité a una colega y mentora excepcional a que me acompañara en esta aventura. Ella también deseaba cursar una maestría, así que la convencí de que lo hiciéramos juntas.

Durante veinte meses compartimos el carro desde mi casa, aprovechando los carriles de uso compartido durante las horas pico en California. Su compañía no solo hizo el trayecto más ameno, sino que también fue un soporte emocional invaluable durante un periodo de gran exigencia. Juntas, solo faltamos a una clase, y fue por causas de fuerza mayor.

Equilibrar el trabajo, la familia y los estudios fue uno de los mayores desafíos que enfrenté. Mi semana era una coreografía organizada meticulosamente:

- **Lunes**: Trabajo durante el día y clases de 6 p.m. a 10 p.m.
- **Martes**: Trabajo y tareas domésticas.
- **Miércoles**: Lectura de capítulos asignados después del trabajo.
- **Jueves**: Redacción del ensayo semanal para entregar el lunes siguiente.
- **Viernes**: Trabajo y tiempo de calidad con familia y amigos.
- **Sábado**: Mi "día maratón" de estudio, desde las 5 a.m. hasta que mi esposo volvía para ayudar con nuestro hijo.
- **Domingo**: Compras, preparación de alimentos para la semana y finalización de proyectos académicos.

Este ritmo intenso fue clave para que, en mayo de 2005, lograra obtener una maestría en **Gestión Organizacional**.

Poco después —y como parte de nuestro plan familiar— decidimos buscar a nuestro segundo hijo. Fue así como, en 2006, nació **Enzo Alberto**. Sin embargo, su llegada vino acompañada de una complicación médica grave: una **eclampsia posparto** que puso en riesgo mi vida. Estuve hospitalizada durante cinco días y nuestro bebé fue dado de alta antes que yo. Gracias al amor incondicional de *Mami Doza*, quien cuidó de nuestro hijo durante esos primeros días, pude concentrarme en mi recuperación. Fue una experiencia aterradora que puso a prueba mi fortaleza física y emocional.

Poco después, durante mi baja por maternidad, surgió la oportunidad que tanto había esperado: una vacante para el puesto de **Vicepresidenta y jefa de departamento**. Aunque el cargo estaba tres niveles por encima del mío, decidí postularme.

El proceso de selección se detuvo temporalmente debido a una reestructuración interna, pero eso terminó jugando a mi favor. Cuando el puesto fue reabierto —ahora con la designación a un nivel menor como **Vicepresidenta Adjunta (AVP)**— competí directamente con colegas de alto nivel y amplia experiencia.

A pesar de la incertidumbre y del temor natural de enfrentarme a candidatos con trayectorias más sólidas, preparé un portafolio robusto que documentaba mis logros, habilidades y contribuciones a la empresa.

Después de un riguroso proceso de entrevistas y una larga espera, llegó la noticia que tanto había anhelado: **me habían seleccionado para el puesto**. Aunque el cargo fue formalmente clasificado como **Directora II**, debido a las políticas internas de Recursos Humanos, este logro representó el cumplimiento de aquel sueño que había visualizado años atrás.

A los 36 años, ya como jefa de departamento, me senté en ese despacho en la esquina que tanto había imaginado. Miré por la ventana y sonreí. Ese momento no solo fue el resultado de una planificación meticulosa, sino también de una perseverancia inquebrantable, la fe en mí misma y el apoyo invaluable de quienes caminaron a mi lado.

Si hoy te encuentras dudando de tus capacidades o sientes que tus metas son inalcanzables, recuerda que **cada pequeño paso cuenta**. Los logros que hoy parecen lejanos comienzan con la decisión de intentarlo.

Cree en ti, comprométete con tu visión y nunca dejes de avanzar. Si yo lo logré, ¡tú también puedes hacerlo!

REFLEXIÓN FINAL: ENFRENTA EL MIEDO Y TOMA EL CONTROL

Como reflexión final de esta historia —y como comparto en todas mis presentaciones— hay un consejo que siempre resuena conmigo y que se ha convertido en un principio rector en mi vida:

«Cuando tengas miedo, agarra al toro por los cuernos».

El miedo es inevitable cuando te enfrentas a nuevos desafíos o te aventuras en terrenos desconocidos. Esa sensación de incertidumbre que nos invade al salir de nuestra zona de confort puede hacernos dudar de nuestras capacidades. Sin embargo, lo que realmente define nuestro éxito no es la ausencia de miedo, sino nuestra disposición a enfrentarlo.

El miedo, si lo permitimos, puede convertirse en un ladrón silencioso que roba nuestras oportunidades, paraliza nuestras acciones y debilita nuestra confianza. Pero cuando decidimos dar el primer paso *a pesar del temor*, algo extraordinario sucede: **el miedo pierde poder**. Cada vez que te atreves a enfrentar lo que te intimida, transformas la ansiedad en acción y la incertidumbre en oportunidad.

¿Por qué es tan poderoso este principio?

Porque enfrentarte a tus miedos te fortalece. Cada paso que das —por pequeño que sea— refuerza tu confianza, te demuestra que eres más fuerte de lo que creías y crea un impulso imparable que te acerca más a tus metas.

Enfrentar el miedo te transforma.

Pasas de ser alguien que duda a convertirte en alguien que actúa con determinación y valentía. Esa actitud audaz, esa disposición de mirar al miedo a los ojos y avanzar de todos modos, es la que te permitirá conquistar tus objetivos con seguridad, fuerza y poder personal.

METODOLOGÍAS PARA MANTENER EL RUMBO

El camino hacia el éxito está lleno de retos, decisiones difíciles y momentos que pondrán a prueba tu fortaleza emocional y mental. Sin embargo, lo que marca la diferencia entre alcanzar tus objetivos o quedarte a medio camino es **tener un plan claro y las herramientas correctas para mantener el rumbo**.

Por eso, en esta sección, quiero compartir contigo tres técnicas que me ayudaron a mantenerme firme en mis metas, incluso en los momentos más desafiantes. Cada una de estas herramientas fue clave en mi camino y puede adaptarse fácilmente a tus propias circunstancias.

Cada una de estas estrategias comparte un principio fundamental: **la acción estratégica**. Soñar en grande es el primer paso, pero lo que realmente transforma tus aspiraciones en logros es el coraje de avanzar, el compromiso con tu plan y la determinación de mantenerte firme incluso cuando el miedo intente frenarte.

No basta con planear; el verdadero progreso ocurre cuando te atreves a actuar.

Así que cuando el miedo te susurre que no puedes... agarra al toro por los cuernos y demuestra que sí puedes. Tu futuro está esperando por ti.

COMPAÑERO DE RESPONSABILIDAD: EL PODER DE NO CAMINAR SOLO

Un compañero de responsabilidad puede ser la clave que marque la diferencia entre rendirte en el camino o alcanzar tus metas con éxito. Esta poderosa herramienta se basa en el apoyo mutuo, la motivación constante y el compromiso de rendir cuentas ante alguien que cree en ti y en tu potencial.

Descubrí el impacto transformador de contar con un compañero de responsabilidad durante mi licenciatura, casi por coincidencia. En una clase de Psicología conocí a una compañera que, al igual que yo, se había transferido recientemente a la universidad. Coincidimos en varias materias y pronto comenzamos a caminar juntas desde el estacionamiento hasta nuestros edificios y laboratorios.

Lo que empezó como una rutina sencilla se convirtió en una alianza poderosa. Saber que ella me estaría esperando cada tarde después del trabajo fue crucial. En días de agotamiento extremo o momentos de duda, esa pequeña expectativa me impulsaba a presentarme, incluso cuando no tenía fuerzas. Caminábamos, hablábamos de nuestras tareas, nos recordábamos mutuamente los plazos de entrega y celebrábamos cada pequeño logro. Su presencia fue un recordatorio constante de que **no estaba sola en el camino**.

Esa experiencia fue tan significativa que, al decidir cursar mi maestría, supe que tener una compañera de responsabilidad no sería un lujo, sino una **estrategia esencial**. Esta vez no fue casualidad, sino una decisión consciente. Su compañía hizo que los largos trayectos fueran más llevaderos, pero lo más importante fue que, al saberla a mi lado, encontré la fuerza para continuar cuando el cansancio, el estrés o la vida misma amenazaban con hacerme desistir.

Un compañero de responsabilidad va mucho más allá de ser alguien con quien compartes una meta: es alguien que te impulsa, te motiva y te exige que seas fiel a tus propios compromisos. Esta relación se convierte en una fuente de inspiración mutua, un vínculo en el que ambos se apoyan para mantener el enfoque, superar los momentos difíciles y avanzar con determinación hacia el objetivo común.

¿POR QUÉ ES TAN EFECTIVO UN COMPAÑERO DE RESPONSABILIDAD?

- **Compromiso:** Saber que alguien más cuenta contigo te obliga a rendir cuentas lo que fortalece tu compromiso con tus propias metas.
- **Motivación constante:** En los momentos de duda, un compañero puede recordarte por qué comenzaste y alentarte a seguir adelante.
- **Apoyo en momentos difíciles:** Cuando las cosas se complican, tener a alguien que te escuche, te motive y te brinde consejos puede marcar la diferencia.
- **Celebración de logros:** Compartir tus avances con alguien que comprende tu esfuerzo hace que cada logro sea más significativo.

Elige a tu compañero de responsabilidad

Tu compañero no tiene que estar en el mismo proyecto o meta que tú, lo importante es que compartan el deseo genuino de apoyarse mutuamente. Puede ser un amigo, un colega, un mentor o incluso un familiar. Lo esencial es que ambos se comprometan a mantenerse firmes en sus objetivos y a rendir cuentas el uno al otro.

Mi experiencia me enseñó que tener un compañero de responsabilidad no solo facilita el cumplimiento de metas, sino que también crea lazos poderosos que dejan huella en nuestra vida. Ya sea que estés persiguiendo un objetivo académico, un reto profesional o una meta personal, **no camines solo**. Encuentra a esa persona que te impulse, que te rete y que celebre tus logros contigo.

El éxito es más alcanzable cuando tienes a alguien que cree en ti tanto como tú crees en tus sueños.

PRACTICA LA AUTODISCIPLINA

La autodisciplina es una habilidad fundamental para lograr el éxito y vivir con intención. Es la capacidad de mantener el enfoque en lo que consideras correcto o necesario, incluso cuando las distracciones, la pereza o las tentaciones intentan desviarte del camino. Si bien se asocia comúnmente con resistir impulsos y aplazar la gratificación, la autodisciplina va mucho más allá: es un pilar esencial para alcanzar tus metas personales y profesionales de forma sistemática y sostenible.

LOS BENEFICIOS DE LA AUTODISCIPLINA.

1. **Logro de objetivos:** La autodisciplina es, a menudo, el factor determinante entre cumplir una meta o abandonarla. Es el motor que impulsa el esfuerzo constante ayudándote a avanzar incluso cuando las emociones fluctúan o la motivación decae.

2. **Aumento de la autoestima:** A medida que alcanzas tus metas mediante acciones disciplinadas, tu confianza en ti mismo crece. Cada logro, por pequeño que sea, refuerza tu creencia en tu propia capacidad para enfrentar desafíos mayores.

3. **Reducción del estrés:** La autodisciplina te permite gestionar mejor tu tiempo y cumplir tus compromisos, reduciendo la ansiedad que produce la procrastinación y el desorden.

4. **Mejora de la salud:** Desde llevar una dieta equilibrada y ejercitarse con regularidad hasta descansar adecuadamente y manejar el estrés, la autodisciplina impacta directamente en tu bienestar físico y mental.

CÓMO DESARROLLAR LA AUTODISCIPLINA.

1. **Establece objetivos claros y crea un plan:** Define metas específicas, medibles y alcanzables. Desglosa esos objetivos en pasos pequeños y manejables. Establecer plazos para cada uno te ayudará a mantenerte responsable y motivado.

2. **Identifica tus debilidades:** Ser consciente de tus principales tentaciones es clave para desarrollar estrategias que te ayuden a resistirlas. Por ejemplo, si sueles procrastinar revisando redes sociales, puedes utilizar aplicaciones que limiten tu tiempo en estas plataformas.

3. **Construye rutinas consistentes:** Las rutinas convierten las acciones disciplinadas en hábitos automáticos, reduciendo el esfuerzo mental que requiere mantener la constancia. Establecer un horario fijo para tus actividades más importantes fortalecerá tu autodisciplina.

4. **Practica la gratificación diferida:** Entrenarte para posponer recompensas instantáneas en favor de logros mayores es una habilidad clave en el

desarrollo de la autodisciplina. Puedes practicar esto de forma sencilla: por ejemplo, resistiendo la tentación de revisar tu teléfono de inmediato o ahorrando para una compra importante en lugar de gastar impulsivamente.

5. **Usa recordatorios y apóyate en la responsabilidad externa:** Mantén tus metas visibles mediante notas motivadoras o herramientas digitales que te recuerden por qué empezaste. Además, compartir tus metas con un compañero de responsabilidad, mentor o amigo puede agregar una poderosa capa de compromiso externo.

Imagina que quieres mejorar tu salud física incorporando el ejercicio a tu rutina diaria. El primer paso es establecer un objetivo claro, por ejemplo, hacer ejercicio durante treinta minutos al día, cinco días a la semana.

Para fomentar la autodisciplina, puedes programar tus entrenamientos a la misma hora cada día, integrándolos como parte habitual de tu rutina. Al principio, puede que la resistencia sea fuerte, pero cada vez que decidas cumplir con tu entrenamiento en lugar de ceder a la tentación de no hacerlo, fortaleces tu autodisciplina.

Con el tiempo, la resistencia disminuye y el ejercicio se convierte en una parte natural de tu día. En los momentos difíciles, puedes motivarte recordando lo bien que te sentirás después de entrenar o enfocándote en el progreso que has logrado hacia tus objetivos de salud.

Este tipo de autodisciplina no solo mejora tu condición física, sino que también desarrolla una mentalidad más fuerte y enfocada. Eventualmente, esta misma disciplina se extiende a otras áreas de tu vida, como la alimentación, el trabajo y las finanzas personales.

LA AUTODISCIPLINA COMO ESTILO DE VIDA.

La autodisciplina no es un talento innato, sino una habilidad que se fortalece con la práctica constante y la atención plena. Al adoptar hábitos que promuevan la autodisciplina y comprometerte con pequeñas acciones diarias, podrás construir una vida más organizada, satisfactoria y exitosa. Recuerda que cada paso disciplinado, por pequeño que parezca, te acerca un poco más a la persona que deseas ser y a la vida que sueñas construir.

DESARROLLAR Y ESTABLECER LA DETERMINACIÓN.

La determinación es una poderosa cualidad que se manifiesta como un compromiso inquebrantable para alcanzar objetivos específicos incluso frente a obstáculos y contratiempos. Se caracteriza por la fortaleza mental, la perseverancia y el enfoque constante en una meta clara. Las personas determinadas no solo demuestran valor ante los desafíos, sino que también toman decisiones estratégicas para mantenerse firmes en su camino.

LA NATURALEZA DE LA DETERMINACIÓN.

La determinación es la fuerza interior que impulsa a las personas a seguir adelante sin importar lo difícil que se vuelva el camino. Se trata de mantener una visión clara y negarse a que las distracciones o el desánimo desvíen tus esfuerzos. Más que solo resistencia, la determinación también implica tomar decisiones conscientes y calculadas que se alineen con tus objetivos a largo plazo.

LOS BENEFICIOS DE LA DETERMINACIÓN.

1. **Logro de objetivos:** La determinación es el motor que convierte las aspiraciones en logros reales. Es la cualidad que te empuja a seguir avanzando cuando otros se detienen.

2. **Superar los fracasos:** La determinación transforma los fracasos en lecciones de crecimiento. En lugar de rendirse ante un revés, las personas determinadas lo ven como una oportunidad para aprender y mejorar.

3. **Inspirar a los demás:** Las personas decididas se convierten en un ejemplo poderoso para quienes las rodean. Su dedicación y éxito inspiran a otros a adoptar una mentalidad similar ante los desafíos.

4. **Crecimiento personal:** El camino hacia una meta difícil moldea el carácter, desarrolla nuevas habilidades y aumenta la autoconciencia. Cada obstáculo superado se convierte en una lección que fortalece la confianza en uno mismo.

5. **Satisfacción y plenitud a largo plazo:** Alcanzar metas importantes gracias a la determinación genera una profunda sensación de logro y plenitud que los éxitos inmediatos rara vez pueden ofrecer.

CÓMO CULTIVAR LA DETERMINACIÓN.

1. **Establece objetivos claros y significativos:** Define metas que realmente importen para ti. Cuando te conectas emocionalmente con tus objetivos, tu determinación se fortalece ya que entiendes por qué vale la pena el esfuerzo.

2. **Desarrolla un plan:** Dividir tu meta en pasos pequeños y alcanzables te permite avanzar con claridad y previsión. Un plan te ayuda a anticipar obstáculos y a preparar estrategias para superarlos.

3. **Mantén el enfoque:** Visualiza regularmente tu meta final y recuérdate el propósito detrás de tus esfuerzos. Este enfoque te permitirá mantener la disciplina cuando surjan distracciones o dificultades.

4. **Construye una red de apoyo:** Rodéate de personas que crean en ti y en tus objetivos. El aliento y el respaldo de otros pueden ser un gran impulso para fortalecer tu determinación.

5. **Acepta los desafíos:** En lugar de evitar los problemas, enfréntalos como oportunidades de crecimiento. Cambiar tu perspectiva y ver los obstáculos como momentos clave para demostrar tus capacidades fortalecerá tu determinación.

Imagina a una persona decidida a cambiar de carrera, pasando de un trabajo corporativo a convertirse en un artista profesional. A pesar de la falta de experiencia inicial y las críticas de quienes dudan de su talento, esta persona dedica cada tarde a perfeccionar sus habilidades artísticas.

Con el tiempo, presenta sus obras en pequeñas exposiciones y busca activamente la retroalimentación de otros artistas. Aunque enfrenta dificultades financieras e incertidumbre, su determinación le permite seguir mejorando y construyendo una sólida cartera de trabajo. Eventualmente, su compromiso lo lleva a obtener proyectos comerciales y exhibiciones importantes que le permiten hacer realidad su sueño de vivir del arte.

Este ejemplo ilustra que la determinación, combinada con un plan claro y perseverancia, puede transformar un desafío en un logro significativo.

EL PODER DE LA PERSISTENCIA.

La persistencia es la capacidad de seguir avanzando de manera constante a pesar de los problemas o dificultades. Es un rasgo fundamental que comparten personas exitosas en diversos campos: empresarios, científicos, artistas y deportistas. La persistencia es, en esencia, el compromiso de continuar intentándolo, sin importar los obstáculos que se presenten.

CÓMO LA PERSISTENCIA DA SUS FRUTOS.

1. **Dominar habilidades:** La persistencia es clave para desarrollar la maestría en cualquier área.

Ya sea tocar un instrumento musical, aprender un nuevo idioma o mejorar tus habilidades profesionales, la repetición constante y el esfuerzo sostenido son esenciales para el éxito.

2. **Superar obstáculos:** Las personas persistentes no se rinden ante las dificultades, sino que buscan soluciones creativas, aprenden de los errores y se adaptan para encontrar nuevas formas de avanzar.
3. **Alcanzar metas a largo plazo:** Muchas metas importantes requieren tiempo y dedicación. La persistencia asegura que sigas avanzando incluso cuando el progreso parezca lento o desafiante.
4. **Construir confianza:** Cada pequeña victoria que logres gracias a la persistencia refuerza tu creencia en tu capacidad para alcanzar objetivos mayores. Esta confianza se convierte en un ciclo positivo que te impulsa a seguir adelante.
5. **Ganar credibilidad y respeto:** Las personas que demuestran persistencia ganan el reconocimiento y la confianza de sus colegas y líderes. Esta credibilidad puede abrir puertas a nuevas oportunidades y conexiones valiosas.

CULTIVAR LA PERSISTENCIA.

1. **Establece objetivos claros:** Tener metas bien definidas te proporciona un rumbo claro que te ayudará a mantenerte enfocado.
2. **Desarrolla una rutina:** La constancia se fortalece mediante hábitos que apoyen tus objetivos.

Crear una rutina te ayuda a avanzar de forma consistente.

3. **Mantén la motivación viva:** Recuerda constantemente por qué empezaste. Visualizar el éxito y los beneficios de alcanzar tu meta puede ayudarte a perseverar.
4. **Aprende de los contratiempos:** En lugar de rendirte ante un fracaso, analízalo y descubre qué puedes aprender de esa experiencia. Cada error te brinda una valiosa lección que te acerca al éxito.
5. **Busca apoyo:** El aliento de mentores, amigos o familiares puede marcar una gran diferencia. Las personas que te rodean pueden motivarte a seguir adelante cuando sientas que tus fuerzas flaquean.

Imagina una pequeña empresa tecnológica que intenta revolucionar la industria del hogar inteligente. Su primer prototipo está lleno de errores técnicos y no logra atraer inversores; sin embargo, el equipo se mantiene firme en su visión.

Tras cada fracaso, mejoran el producto, recopilan comentarios del mercado y perfeccionan su presentación. Aunque enfrentan múltiples rechazos, su persistencia se ve recompensada cuando una importante conferencia tecnológica les brinda la oportunidad de presentar su idea mejorada. Esta vez consiguen captar la atención de inversionistas clave, lo que les permite lanzar exitosamente su producto.

EL PODER DE LA COMBINACIÓN

Tener un compañero de responsabilidad, practicar la autodisciplina, abrazar la determinación y perseverar con firmeza son más que hábitos: son pilares que sostienen nuestros sueños. Cuando se combinan, estas cualidades se transforman en una fuerza imparable capaz de movernos incluso en los momentos más difíciles.

Con un compañero de responsabilidad, mantienes viva la llama del compromiso.

Con autodisciplina, transformas la intención en acción diaria. Con determinación, enfrentas los desafíos sin rendirte. Y con persistencia, sigues adelante... incluso cuando avanzar parece imposible.

Cultivar estas cualidades no solo te acerca a tus metas: **te fortalece desde adentro**. Te convierte en alguien resiliente, estratégico y capaz de construir una vida con propósito, claridad y convicción.

Esa combinación no solo te transforma: te empodera.

Y cuando te empoderas, no hay meta que quede fuera de tu alcance.

CAPÍTULO 4

SÉ AGRADECIDO

El poder de la gratitud en la vida diaria

Las historias que he elegido compartir en este capítulo siguen ocupando un lugar especial en mi corazón incluso hoy en día.

Cada recuerdo que relato está impregnado de gratitud, ya que esas experiencias moldearon mi carácter y me enseñaron lecciones valiosas que continúan guiándome.

RAÍCES DE GRATITUD: LECCIONES DE AMOR, RESILIENCIA Y CRECIMIENTO

Como mencioné, mi educación durante la infancia fue de clase media. Aunque no contábamos con muchas posesiones materiales, mi madre trabajó incansablemente para proveer a nuestra familia. Mis padres se divorciaron cuando yo tenía dos años, sin embargo, mi padre nunca dejó de tener una presencia activa en mi vida, proveyéndonos de algunos enseres como una lavadora, una televisión a color y otros artículos que a finales de los años 70 eran un lujo en los hogares de México.

A pesar de las circunstancias, fui afortunada de crecer en un entorno de amor y cuidado. Mis padres lograron mantener una amistad sólida y siempre priorizaron mi bienestar.

Aunque vivía con mi madre a tiempo completo, mi padre se aseguraba de compartir tiempo de calidad conmigo. Todos los miércoles por la tarde y cada dos domingos, se presentaba para recogerme y llevarme a vivir momentos memorables juntos. Recuerdo con cariño las visitas al cine, los paseos en parques, las visitas a tiendas de mascotas y los encuentros en casa de mi abuela. Siempre tenía una historia que contar o un chiste que compartir y esos momentos quedaron grabados en mi memoria como una fuente de alegría y conexión.

Gracias a esta dedicación, crecí con una profunda sensación de seguridad y amor. Esa sólida base emocional me dio la confianza para afrontar los desafíos que surgieron más adelante. Asistir a una escuela primaria privada bilingüe también fue una experiencia enriquecedora. Tuve la oportunidad de participar en actividades extracurriculares como danza, inglés y teatro que expandieron mis habilidades, fortalecieron mi creatividad y contribuyeron a mi crecimiento personal.

Sin embargo, la adolescencia trajo consigo cambios importantes que impactaron profundamente mi vida. La decisión de mi madre de mudarnos a una nueva ciudad, su decisión de enviarme a vivir temporalmente con mi tía en el extranjero y la llegada de mi hermana pequeña transformaron la dinámica familiar. Aunque estos cambios fueron desafiantes, el amor y el apoyo incondicional de mi familia se mantuvieron firmes.

Mirando hacia atrás, reconozco que fue esa base de amor, apoyo y seguridad emocional la que me permitió desarrollar resiliencia y gratitud. La dedicación de mis padres, ya fuera a través de su presencia constante o de sus esfuerzos por brindarme oportunidades, fue fundamental para ayudarme a navegar las complejidades de la vida.

Hoy sé que aquellas experiencias me dejaron la lección invaluable de que la gratitud es un pilar fundamental que sostiene nuestro bienestar. Aprender a encontrar gratitud incluso en tiempos de incertidumbre o cambio nos da la fortaleza para seguir adelante. Es una virtud que impregna cada aspecto de mi vida y me recuerda que, incluso en la adversidad, siempre hay razones para apreciar lo que tenemos.

Las historias que he compartido en este capítulo son un recordatorio de que la gratitud no solo nos ayuda a reconocer lo que hemos recibido, sino que también fortalece nuestro espíritu para enfrentar los desafíos con optimismo y determinación.

HISTORIA N.º 1: SUPERAR LA ADVERSIDAD CON OPTIMISMO

A la tierna edad de trece años me embarqué en un viaje que moldearía mi resiliencia y optimismo frente a la adversidad. Mudarme a Pasadena, California, con mis queridos tíos para mejorar mi inglés y profundizar en la historia estadounidense fue a la vez desalentador y estimulante. Sin embargo, en medio del torbellino de cambios me encontré con desafíos que pusieron a prueba mi tenacidad.

Situada en clases de inglés como segundo idioma junto a estudiantes de diversos orígenes, me encontré navegando por territorios desconocidos. A pesar de sentirme diferente de la mayoría, me negué a sucumbir a las limitaciones de la educación en inglés como segundo idioma (que prácticamente eran 75% en español). Decidida a sumergirme por completo en el inglés, di un paso audaz y solicité el traslado a clases regulares de inglés a pesar de las inevitables dificultades que acompañaban a esta decisión.

Armada únicamente con determinación y un fiel diccionario inglés-español, me embarqué en un viaje de crecimiento académico y personal.

A lo largo de ese año escolar y el siguiente, perseveré ganando elogios en clases de honor y formando conexiones significativas con compañeros de diversos orígenes culturales. Al asumir el papel de líder dentro de nuestro grupo multicultural, perfeccioné mis habilidades de liderazgo y desarrollé un nuevo sentido de disciplina y concentración.

El período de dieciocho meses en Pasadena resultó ser un capítulo crucial en mi vida que me inculcó la resiliencia para afrontar el cambio y abrazar nuevas experiencias. A lo largo de los años en nuestras múltiples mudanzas en diez ciudades de México, Estados Unidos y Canadá, mi capacidad para adaptarme y prosperar en entornos diversos se convirtió en algo natural. Cada mudanza presentaba un conjunto de desafíos, pero los abordaba con optimismo y gratitud.

En medio de la incertidumbre de cuándo me reuniría con mi madre, encontré consuelo en los rituales diarios que reforzaban mi optimismo. Cada mañana, durante mi camino a la escuela, me detenía para expresar gratitud por las bendiciones del día anterior: los momentos de alegría y aprendizaje en la escuela, la calidez del hogar de mi tía y los recuerdos de mi madre. Con cada paso, afirmaba mi creencia en el plan del universo para mi regreso a casa, sacando fuerzas del poder de la gratitud y la positividad.

En retrospectiva, esos momentos de reflexión y gratitud durante mis paseos matutinos sirvieron como anclas de esperanza y resiliencia, guiándome a través de los desafíos de la adolescencia con un optimismo inquebrantable. Fueron un testimonio del poder transformador de la gratitud, recordándome que, incluso frente a la incertidumbre, siempre hay algo por lo que estar agradecida.

En esencia, las historias que se relatan en este capítulo sirven como testimonio del poder perdurable de la gratitud, una virtud que impregna todos los aspectos de mi vida y me guía tanto en los momentos de alegría como en los de adversidad.

HISTORIA N.° 2: VARADA SIN COMBUSTIBLE

Cuando regresé a vivir con mi mamá, esta vez en Tijuana, México, mi vida se enfrentó a una nueva serie de desafíos. Tuve que empezar a trabajar a los quince años para cubrir algunos de mis gastos personales. Situada en la frontera norte de México con Estados Unidos, Tijuana es una ciudad bulliciosa donde miles de personas cruzan a diario hacia San Diego, California, para estudiar o trabajar. Yo hacía lo mismo: cruzaba a pie y tomaba transporte público, lo que extendía mi trayecto diario por varias horas.

A los diecisiete años, decidí que era momento de facilitar mis desplazamientos. Fui con mi madre a un lote de autos usados y conseguimos mi primer carro: un Dodge Charger negro, modelo 1984, semi-deportivo. Con las llaves de mi recién estrenada libertad, también llegaron nuevas responsabilidades:

las mensualidades del carro, la gasolina, el seguro y, por supuesto, los gastos de la universidad.

En el panorama de 1988, con un salario mínimo en California de apenas $4.25 por hora, cada centavo contaba. Calculaba cuidadosamente mi presupuesto y tenía en cuenta cada gasto. Sin embargo, a pesar de mi disciplina, hubo momentos en los que los imprevistos amenazaban con desestabilizar mi frágil economía.

Uno de esos días aún resuena con fuerza en mi memoria. Con menos de veinte dólares en mi cuenta bancaria y el tanque de gasolina casi vacío, emprendí mi viaje diario al otro lado de la frontera. Sabía que tenía lo justo para llegar, pero no cómo volvería a casa. La incertidumbre era real, pero en lugar de caer en la desesperación, elegí abrazar la gratitud.

Durante el día, mientras iba de un lado a otro entre el trabajo y las clases, hice un esfuerzo consciente por agradecer cada aspecto de mi vida. Con cada paso que daba desde mi oficina hasta el carro, daba gracias por tener un empleo, por la oportunidad de estudiar, por tener movilidad. Aunque el miedo intentaba colarse, me aferré a la fe.

Entonces ocurrió lo inesperado. En una de mis visitas habituales a la oficina de correos para revisar el apartado postal familiar, encontré un sobre de tamaño legal. Dentro había dinero en efectivo, enviado por mi padre como contribución para un trámite migratorio que me había pedido gestionar en su nombre. Una oleada de emociones me invadió: sorpresa, alivio, gratitud. Era como si el universo hubiese respondido a mi confianza, recordándome que incluso en medio de la incertidumbre, siempre hay motivos para agradecer.

Gracias a ese dinero inesperado no solo llené el tanque de gasolina, sino que pude regresar a casa con tranquilidad. Mientras veía cómo se llenaba el tanque, una certeza se instaló en mí: **la gratitud tiene el poder de transformar incluso los momentos más inciertos en oportunidades de fe y esperanza.**

Ese día marcó mi vida. Fue una lección grabada en mi conciencia, una señal clara de que cuando eliges la gratitud por encima del miedo, el universo responde. Y esa certeza me guiaría a través de los desafíos futuros que aún estaban por venir.

HISTORIA N.º 3: UNA ESTANCIA PROLONGADA EN CANADÁ

En la primavera anterior a mi decimonoveno cumpleaños, se presentó una oportunidad inesperada que traía consigo varios regalos en uno: la posibilidad de vivir temporalmente fuera del país, conocer un lugar completamente nuevo y convivir por un tiempo con mi querida tía Rosario, quien se había mudado a Canadá hacía ya varios años. Su invitación a visitar su país adoptivo me llenó de emoción, y aunque este capítulo se centra en la gratitud, es imposible ignorar la importancia de tomar medidas decisivas para aprovechar las oportunidades cuando se presentan. Cada sueño, por grande o pequeño que sea, requiere pasos concretos para convertirse en realidad.

En ese momento mis responsabilidades eran abrumadoras. Estaba estudiando, trabajando para cubrir los gastos de mi carro y además contribuía con los pagos de la recién adquirida casa de mi madre. A esto se sumaban los gastos adicionales que ella enfrentaba por la guardería de mi hermana, lo que hacía que nuestra situación financiera fuera aún más complicada.

La invitación de mi tía llegó como un rayo de luz. Esta sería mi primera experiencia internacional fuera de México y Estados Unidos, y la idea de pasar el verano explorando una nueva cultura resultaba emocionante. Con determinación, comencé a planificar mi viaje meses antes de partir, dedicando largas horas en la biblioteca para investigar sobre Canadá. Elaboré un itinerario meticuloso y mantuve informado a mi jefe que era el propietario de la agencia de seguros en la que trabajaba.

Sin embargo, lo que no anticipé fue que mi decisión de viajar a Canadá resultaría en perder mi trabajo. Mi jefe, aunque inicialmente comprensivo, decidió que no podría mantener mi puesto vacante durante mi ausencia. Fue un golpe difícil de aceptar, ya que ese empleo representaba mi fuente de ingresos principal. No obstante, decidí confiar en que mi viaje traería nuevas oportunidades.

Mi tía Rosario, siempre generosa, se ofreció a cubrir todos los gastos del viaje, un gesto que llenó mi corazón de gratitud. Para expresar mi agradecimiento, le escribí cartas sinceras que transmitían lo conmovida que me sentía por su apoyo incondicional. Sabía que sin su ayuda, este viaje habría sido solo un sueño.

A pesar de la incertidumbre financiera que me esperaba al regresar, decidí aprovechar al máximo la experiencia en Canadá. Durante aquellos meses exploré ciudades vibrantes como Ottawa, Toronto y Montreal. También visité las imponentes Cataratas del Niágara y disfruté de actividades sencillas pero inolvidables como caminatas, paseos en barco y tardes tranquilas en el lago.

Trabajando con mi tía en sus puestos de limonada, aprendí importantes lecciones de liderazgo y trabajo en equipo, habilidades que me seguirían beneficiando en el futuro. El verano se convirtió en una etapa de crecimiento personal llena de momentos que me recordaron la importancia de mantener una mentalidad optimista incluso cuando las circunstancias no salían según lo planeado.

Cuando regresé a casa, la incertidumbre sobre cómo encontrar un nuevo trabajo se instaló en mi mente. Sin embargo, en menos de dos semanas, conseguí un nuevo empleo que no solo se alineaba mejor con mis aspiraciones, sino que también ofrecía un ingreso más estable. Fue como si mi determinación y mi gratitud hubieran abierto la puerta a una nueva oportunidad.

Hoy, cada vez que pienso en mi viaje a Canadá, siento un profundo agradecimiento por la generosidad de mi tía Rosario. Su prematuro fallecimiento a causa de leucemia a los 48 años, nos privó de más momentos juntas, pero su amor y la experiencia que me brindó en Canadá siguen vivos en mi corazón. Aquella aventura fue más que un simple viaje, fue una lección invaluable sobre la gratitud, la resiliencia y la fe en que siempre habrá algo bueno esperando al final del camino.

¿CÓMO SE PRACTICA LA GRATITUD?

La gratitud no es solo un sentimiento, es una práctica activa que transforma la forma en que percibimos la vida. A lo largo de mi propia trayectoria, he aprendido que incorporar la gratitud de forma intencional puede generar bienestar, claridad y fortaleza emocional. Yo misma practico diversas modalidades de gratitud, desde llevar un diario hasta realizar caminatas conscientes y puedo dar fe de que esta práctica ha sido una fuente constante de paz interior y crecimiento personal.

Cada uno de los métodos que comparto aquí no solo han sido comprobados con mi experiencia personal; sino que son métodos avalados por la ciencia. Mi deseo es compartir contigo estas herramientas porque estoy convencida de que, si se ponen en práctica, pueden transformar vidas.

Como mencione al principio, mi mayor anhelo es que este libro sea el catalizador para que un millón de sueños se hagan realidad.

Recuerda que practicar la gratitud es un viaje personal, y lo que funciona mejor para una persona puede no ser lo mismo para otra. Experimenta con diferentes métodos y encuentra lo que más te resuene. La clave está en cultivar una mentalidad de agradecimiento y reconocer la abundancia que te rodea, incluso en medio de los desafíos de la vida.

FORMAS DE PRACTICAR LA GRATITUD

1. **Diario de Gratitud:** Reserva unos minutos cada día para escribir las cosas por las que

estás agradecido. Reflexiona sobre momentos de alegría, actos de bondad o incluso pequeñas bendiciones como un día soleado o una buena comida. Es una de mis prácticas más consistentes y me ha ayudado a mantenerme enfocada en lo positivo.

2. **Gratitud Matutina:** Comienza el día expresando gratitud por las oportunidades y bendiciones que te esperan. Tómate un momento para apreciar el nuevo día y establecer un tono positivo para las próximas horas. Esta práctica ha sido clave para empezar cada jornada con energía y optimismo.

3. **Expresa tu Agradecimiento:** Haz un esfuerzo consciente por agradecer a los demás por su amabilidad, apoyo o contribuciones. Ya sea con un «gracias» verbal, una nota escrita a mano o un simple mensaje de texto, expresar gratitud fortalece las relaciones y difunde positividad.

4. **Apreciación Consciente:** Practica la conciencia plena sumergiéndote por completo en el momento presente y apreciando la belleza que te rodea. Observa los paisajes, los sonidos y las sensaciones que te traen alegría y expresa gratitud por ellos.

5. **Reflexiona sobre los Desafíos:** En lugar de obsesionarte con los contratiempos o las dificultades, replantea esas experiencias como oportunidades de crecimiento. Reflexionar sobre las lecciones aprendidas de momentos difíciles y agradecer por la fortaleza que te han brindado es

una poderosa forma de transformar la adversidad en gratitud.

6. **Paseos de Gratitud:** Esta es una de mis prácticas favoritas. Salgo a caminar y me concentro en la belleza de la naturaleza que me rodea. Mientras camino, reconozco y aprecio conscientemente la vista, los sonidos y los olores del mundo natural, expresando gratitud por las maravillas del medio ambiente.

7. **Rituales de Gratitud:** Crea rituales o rutinas que incorporen expresiones de gratitud, como dar las gracias antes de las comidas, compartir gratitud en reuniones familiares o terminar el día con una reflexión sobre momentos de agradecimiento.

8. **Actos de Amabilidad:** Realizar actos de amabilidad para los demás no solo ayuda a quienes te rodean, sino que también cultiva tu propia gratitud. Ya sea ofreciendo una mano amiga, prestando un oído atento o realizando actos de amabilidad al azar, difundir positividad fortalece tanto tu espíritu como el de quienes te rodean.

9. **Meditación de Gratitud:** La meditación guiada enfocada en la gratitud es una práctica que me ha brindado calma en tiempos de incertidumbre. Durante estas sesiones, visualizo y reflexiono sobre las cosas por las que estoy agradecida, lo que me ayuda a cultivar una sensación de paz interior y aprecio.

10. **Retos de Gratitud:** Desafíate a encontrar algo por lo que estar agradecido cada día, incluso en los momentos difíciles. Esta práctica me ha enseñado que la gratitud es una habilidad que se fortalece con el tiempo transformando mi perspectiva y aumentando mi bienestar emocional.

¡ACEPTA EL RETO: EL DESAFÍO DE GRATITUD DE 21 DÍAS!

La gratitud es una poderosa herramienta que transforma la forma en que percibimos la vida. Cuando practicamos la gratitud de forma intencional, no solo reconocemos lo que tenemos, sino que también entrenamos nuestra mente para enfocarse en lo positivo, lo que eleva nuestro bienestar emocional y fortalece nuestras relaciones.

Por eso te invito a embarcarte en un poderoso **plan de desafío de gratitud de 21 días**. Este reto está diseñado para ayudarte a cultivar la gratitud de manera consciente y convertirla en un hábito que transforme tu vida diaria.

Pero aquí viene lo mejor: **¡No lo hagas solo!** La gratitud crece aún más cuando se comparte, así que te animo a que invites a tus amigos, colegas o familiares a unirse contigo en este desafío. Imagina el impacto que tendría en tu entorno si cada persona comenzara a ver su vida con mayor aprecio y optimismo. Juntos pueden animarse, compartir reflexiones y celebrar sus avances.

¿Por qué 21 días?

Los estudios demuestran que se necesitan aproximadamente 21 días para formar un nuevo hábito. Al comprometerte durante este periodo, estarás entrenando tu mente para reconocer las bendiciones diarias, grandes o pequeñas, y convertir la gratitud en parte esencial de tu vida.

Semana 1: Autorreflexión y apreciación.

- **Día 1:** Escribe tres cosas de las que estés agradecido sobre ti mismo.
- **Día 2:** Reflexiona sobre una experiencia reciente que te haya hecho feliz.
- **Día 3:** Envía una nota o mensaje de agradecimiento a alguien que te haya ayudado.
- **Día 4:** Tómate un momento para apreciar tu hogar y la comodidad que te proporciona.
- **Día 5:** Reconoce el trabajo que realizas (ya sea remunerado o no) y su impacto.
- **Día 6:** Elige un objeto que utilices a diario y reflexiona sobre cómo te facilita la vida.
- **Día 7:** Piensa en tu cuerpo y en la salud que tienes apreciando lo que te permite hacer.

Semana 2: Expandir la gratitud hacia afuera.

- **Día 8:** Escribe sobre un amigo y por qué estás agradecido con él.
- **Día 9:** Llama o reúnete con un familiar y dile por qué lo aprecias.

- **Día 10:** Observa la naturaleza y agradece por el entorno que te rodea.
- **Día 11:** Expresa tu gratitud a tu comunidad (en línea o en persona).
- **Día 12:** Aprecia algo nuevo que hayas aprendido esta semana.
- **Día 13:** Reconoce el esfuerzo o la amabilidad de alguien sin que lo sepa.
- **Día 14:** Haz una donación a una causa en la que creas y reflexiona sobre tu capacidad para ayudar a los demás.

Semana 3: Cultivar un estilo de vida de gratitud.

- **Día 15:** Escribe una reseña positiva sobre un negocio o servicio local.
- **Día 16:** Encuentra la belleza en una obra de arte o en la música y reflexiona sobre su impacto en ti.
- **Día 17:** Reconoce un aspecto de tu rutina diaria que normalmente das por sentado.
- **Día 18:** Escribe una experiencia difícil y lo que te enseñó.
- **Día 19:** Identifica un error y aprecia el crecimiento que te trajo.
- **Día 20:** Piensa en tu semana pasada y escribe el mejor momento.
- **Día 21:** Planifica una pequeña celebración para marcar el final de tu desafío de gratitud.

CONSEJOS PARA EL ÉXITO

- **Diario:** Lleva un diario de gratitud donde puedas detallar tus pensamientos de cada día.
- **Consistencia:** Intenta realizar tu práctica de gratitud a la misma hora cada día para establecer una rutina.
- **Reflexión:** Dedica unos minutos cada día a reflexionar sobre por qué te sientes agradecido por la indicación del día.
- **Compartir:** Considera compartir tu gratitud diaria con un amigo o en las redes sociales para inspirar a otros y mejorar tu experiencia.

¡El desafío de gratitud de 21 días es más que un ejercicio; es un regalo para tu mente, tu corazón y tus relaciones!

¡Acepta el reto hoy y descubre cómo la gratitud puede cambiar tu vida para siempre!

PRACTICA EL OPTIMISMO

He aprendido que el optimismo, al igual que la gratitud, es una poderosa herramienta que transforma la manera en que enfrentamos la vida. Lo he vivido en momentos desafiantes, donde elegir el optimismo fue clave para seguir avanzando con esperanza y determinación.

El optimismo no es solo ver el mundo color de rosa, sino adoptar una mentalidad que cree firmemente en que los resultados positivos son posibles, incluso en tiempos difíciles. Este enfoque ha sido clave en mi propia vida, y por eso deseo compartirlo contigo.

BENEFICIOS DEL OPTIMISMO

Psicológicos

- **Salud mental mejorada**: Menos estrés, ansiedad y depresión.
- **Mayor felicidad**: Más satisfacción y sentido de propósito.
- **Mejores habilidades de afrontamiento**: Más enfoque en soluciones que en los problemas.

Fisiológicos

- **Mejor salud física**: Menor riesgo de enfermedades cardiovasculares y mejor sistema inmunológico.
- **Recuperación más rápida**: Frente a enfermedades y desafíos físicos.

Sociales

- **Relaciones más sólidas**: Mejores conexiones y redes de apoyo.
- **Liderazgo y éxito**: Los líderes optimistas inspiran confianza, energía y motivación.

CULTIVAR EL OPTIMISMO

Así como la gratitud, el optimismo **se puede entrenar y fortalecer** con práctica diaria. Estas son algunas de las estrategias que me han funcionado:

- **Practicar la gratitud**: Agradecer lo bueno me ayuda a enfocarme en lo positivo.
- **Desafiar pensamientos negativos**: Cuando aparecen, los replanteo desde una mirada más constructiva.
- **Establecer metas realistas**: Celebrar pequeños logros crea impulso y refuerza la confianza.
- **Rodearme de personas positivas**: Estar cerca de quienes me inspiran mantiene viva la esperanza.

Al incorporar la gratitud, el optimismo y una actitud consciente en tu día a día, **abres la puerta a una vida más plena, resiliente y significativa**.

Mi mayor deseo es que, al poner en práctica estos principios, logres cumplir tus sueños y encuentres alegría en cada paso del camino.

Porque ser agradecido y optimista no cambia lo que ocurre...pero sí cambia profundamente cómo lo enfrentas. Y eso, puede cambiarlo todo.

CAPÍTULO 5

ELEVA A LOS DEMÁS

El impacto de crecer juntos

Como compartí en el primer capítulo, a los veintidós años me encontré inmersa en un paraíso costero mientras mi esposo perseguía su sueño de convertirse en médico. En medio de las olas y el calor de Zipolite, Oaxaca, México encontré mi vocación de servir a los demás.

Asumí el papel de profesora de inglés como segunda lengua para los niños de la escuela primaria local mientras ayudaba a mi esposo con vacunas y trabajo administrativo. Fue durante esta experiencia que comprendí que mi verdadero propósito radicaba en apoyar con acciones para el éxito de los demás. Esta etapa fue el punto de partida de mi viaje hacia el **liderazgo de servicio**, una filosofía que se ha convertido en una guía fundamental en mi vida personal y profesional.

Cuando reflexiono sobre mi trayectoria y comparto mi historia con los demás, destaco la importancia de este poderoso quinto paso en mi hoja de ruta personal hacia el éxito: **el compromiso de ayudar a los demás.** Al servir y guiar no solo forjamos nuestro propio destino, sino que también sembramos las semillas de un futuro más brillante y compasivo para todos.

EL PODER DEL LIDERAZGO DE SERVICIO.

El liderazgo de servicio es como una gema poliédrica que refleja diferentes facetas de cuidado y empoderamiento dependiendo de a quién se pregunte. Para mí, ser un líder servidor significa mucho más que guiar desde el frente, significa compartir conocimientos, fomentar el crecimiento y ayudar a las personas a desarrollar todo su potencial.

Se trata de aprender de quienes nos rodean y trabajar incansablemente para sacar lo mejor de ellos.

En mis veinticinco años de carrera en el sector de seguros, esta filosofía ha sido mi guía. He aprendido que el verdadero liderazgo no se mide solo por logros individuales, sino por la cantidad de personas que impactamos positivamente.

Cuando mi esposo y yo nos despedimos de las costas de Zipolite, emprendimos un viaje que nos llevó a Chiapas, la Ciudad de México y, finalmente, a Pasadena, California. En este camino obtuve la certificación para enseñar inglés como segundo idioma, una habilidad que puse en práctica como profesora voluntaria de inglés y como instructora de ciudadanía.

Servir a mi comunidad se convirtió en la piedra angular de mi existencia. Fue esta práctica la que me demostró que el impacto del servicio trasciende generaciones.

Recuerdo con emoción cómo mis antiguos alumnos asistieron a mi ceremonia de graduación como muestra de gratitud, un conmovedor recordatorio del impacto que tiene el liderazgo de servicio.

LA MENTORÍA: UN PILAR EN MI VIAJE.

Dentro del ámbito empresarial, la mentoría ha sido uno de mis mayores logros. Como latina en el sector de seguros y finanzas, he reconocido la importancia de brindar orientación a otros que comparten desafíos y aspiraciones similares a los míos.

Recuerdo a una joven aprendiz que, con mucha inseguridad, se me acercó durante un evento internacional. Tenía el deseo de conocer al CEO de Brasil, un importante director ejecutivo pero no se atrevía a presentarse. Detecté su aprensión y la ayudé a iniciar la conversación lo que luego la motivó a buscarme como mentora.

Guíe a esta joven a través de un desafío transformador para liderar el cambio de marca de nuestro grupo de recursos empresariales enfocado en los hispanos que colaborábamos en esta empresa multinacional.

A medida que dirigía grupos de discusión y colaboraba con equipos de Marketing, su confianza se disparó. Hoy es una reconocida profesional que ha compartido su historia de resiliencia y empoderamiento en redes sociales y publicaciones de negocios, reconociendo el impacto que la mentoría que le otorgue tuvo en su vida.

CREAR OPORTUNIDADES PARA OTROS

A lo largo de mi carrera, me he apasionado en fomentar la diversidad y la inclusión en las empresas para las que he trabajado.

Como ya lo mencioné, en 2020 fundé *Elevink*. Me considero afortunada de haber tenido a mi hermana como apoyo, que generosamente me brindó su tiempo, experiencia y red de contactos. Además, a medida que el plan de negocios evolucionaba, recluté a una compañera de aventuras para colaborar ayudando en la creación de contenidos y la facilitación de talleres.

Curiosamente, ella había sido mi aprendiz y su trayectoria es digna de compartir.

Todo empezó cuando recibí una solicitud de contacto en una popular plataforma global. Intrigada por su proximidad local en Nueva Jersey y nuestra experiencia común en seguros, acepté su invitación. Poco después, ella expresó admiración por mi trayectoria profesional y solicitó orientación. Creo en la comprensión profunda de las necesidades del alumno, así que entablamos una conversación exploratoria. Dejé claro que, aunque podía ofrecer orientación y apoyo, el alumno era quien en última instancia, impulsaba su propio éxito a través del compromiso y el trabajo interno. La transparencia es clave en la dinámica de la orientación.

Nuestra primera reunión en persona fue prometedora. Armada con una lista de preguntas, demostró su dedicación. Acordamos embarcarnos en una relación de mentor-aprendiz. Sin embargo, nuestros planes se vieron rápidamente alterados por el inicio de la pandemia en marzo de 2020, lo que nos obligó a realizar sesiones virtuales durante los dieciocho meses que le siguieron.

A pesar de los desafíos, nuestra colaboración prosperó. La invité a unirse a las actividades de Elevink y juntas dirigimos reuniones y campamentos de entrenamiento de fines de semana. Comprometidas con la inclusión, mantuvimos las oportunidades virtuales atrayendo a participantes de todo el país. Nuestro impacto se expandió, tocando las vidas de más de trescientas personas a través de varias iniciativas, incluyendo nuestro podcast mensual, Elevink Connect, diseñado para inspirar a profesionales y fomentar el avance profesional.

Uno de los logros que más me enorgullece con Elevink es haber visto a varios de nuestros participantes compartir sus inspiradoras historias en la antología Hispanic Stars Rising: The New Face of Power, volumen II, un reconocimiento que celebra su crecimiento y perseverancia[1].

EL PODER DEL VOLUNTARIADO: IMPACTO QUE TRANSFORMA VIDAS.

El voluntariado es mucho más que ofrecer tu tiempo, es una poderosa herramienta de cambio social, una fuente de satisfacción personal y una forma efectiva de dejar un legado positivo en el mundo. Durante más de tres décadas, he dedicado innumerables horas al voluntariado convencida de que el verdadero éxito se mide no solo por los logros personales, sino por las vidas que impactamos a través de nuestras acciones. Este compromiso inquebrantable con el servicio comunitario fue reconocido en 2024 cuando tuve el honor de recibir el título de **Doctor Honoris Causa** otorgado por la **Organización Mundial de Líderes**, en reconocimiento a mis contribuciones como voluntaria en México y Estados Unidos a lo largo de los años. Este reconocimiento no solo celebra mi esfuerzo, sino que simboliza el impacto que cada uno de nosotros puede tener cuando decidimos dedicar nuestro tiempo y habilidades al bienestar de los demás.

1-Hispanic Stars Rising: The New Face of Power es una antología publicada por la organización Hispanic Star, que destaca a líderes y voces latinas emergentes en los Estados Unidos. Disponible en Amazon y otras plataformas.

Si estás considerando involucrarte en el voluntariado, quiero compartir contigo algunos pasos clave para que puedas encontrar una oportunidad significativa que se alinee con tus intereses, valores y habilidades.

CÓMO ELEGIR UNA OPORTUNIDAD DE VOLUNTARIADO QUE MARQUE LA DIFERENCIA

1. Reflexiona sobre tus pasiones e intereses

El primer paso es identificar qué causas te apasionan. ¿Te motiva ayudar a jóvenes estudiantes? ¿Te conmueve el bienestar de los animales o te interesa la conservación del medio ambiente? Definir tus intereses te permitirá encontrar una causa que despierte tu entusiasmo y te motive a dar lo mejor de ti.

Ejemplo: Mi pasión por la educación me llevó a involucrarme con la organización ***Hispanics Inspiring Students' Performance and Achievement (HISPA),*** donde tuve el privilegio de compartir mis experiencias con estudiantes hispanos en Nueva Jersey y Florida. Ser reconocida como **Campeona HISPA del Año 2018** fue un testimonio del impacto que podemos tener al brindar nuestro tiempo y orientación a la próxima generación.

2. Identifica tus habilidades y fortalezas

Cada uno de nosotros posee habilidades que pueden marcar la diferencia. Puede ser tu capacidad para organizar eventos, tus conocimientos en tecnología, tu experiencia en comunicación o tu talento para enseñar. Identificar esas fortalezas te permitirá encontrar una oportunidad en la que puedas brillar y ofrecer valor real.

Ejemplo: En 2016, fundé el **Campamento Univerbond**, un espacio diseñado para inspirar a niños, a perseguir sus sueños. Utilizando mis **Cinco pasos hacia el éxito**, desarrollé talleres interactivos que fomentaron la confianza y el crecimiento personal. Ser testigo del impacto positivo en la vida de estos jóvenes fue increíblemente gratificante y reforzó mi creencia en el poder del voluntariado.

3. Considera tu disponibilidad

El voluntariado no siempre requiere una gran inversión de tiempo. Algunas oportunidades solo exigen unas pocas horas al mes, mientras que otras pueden implicar proyectos a largo plazo. Evalúa tu agenda y encuentra una opción que se alinee con tus responsabilidades diarias.

Ejemplo: Durante la pandemia en 2020, me enfrenté al desafío de equilibrar mis responsabilidades laborales y familiares. Fue entonces cuando decidí trasladar mi mentoría al entorno virtual. Esta alternativa me permitió continuar impactando vidas desde casa, alcanzando a personas de todo el país.

4. Busca oportunidades de voluntariado

Explora plataformas en línea, contacta organizaciones sin fines de lucro, escuelas o grupos comunitarios para identificar oportunidades cercanas. También puedes asistir a ferias de voluntariado para obtener información directamente de las organizaciones.

Ejemplo: Durante el **Censo de los Estados Unidos de 2000**, recorrí vecindarios puerta a puerta para asegurarme de que las familias hispanas fueran contadas en los registros gubernamentales. Esta experiencia me enseñó que incluso las acciones más simples pueden tener un gran impacto en comunidades que dependen de recursos basados en estos datos.

5. Evalúa la organización y la causa

Antes de comprometerte investiga la reputación y el impacto de la organización que te interesa. Asegúrate de que su misión esté alineada con tus valores y que tus esfuerzos contribuyan a una causa significativa.

Ejemplo: En 2021, durante el **Mes de la Herencia Hispana**, lideré una iniciativa con antiguos alumnos de **Elevink** para colaborar con la organización ***Feed My Starving Children***. Esta experiencia, que consistió en empacar alimentos para niños en situaciones vulnerables, fue profundamente conmovedora y un recordatorio del poder transformador del voluntariado.

6. Evalúa el Rol del Voluntario

Antes de aceptar una oportunidad, revisa cuidadosamente las responsabilidades que implica. Considera si el rol se alinea con tus habilidades e intereses y si te permitirá aprender y crecer.

7. Contacta a la organización

Comunícate directamente con la organización para expresar tu interés. Explica cómo tus habilidades pueden contribuir a sus objetivos y pregunta sobre los requisitos para comenzar a colaborar.

8. Busca comentarios y recomendaciones

Hablar con voluntarios actuales o anteriores te permitirá conocer mejor la experiencia de voluntariado y evaluar si es la oportunidad adecuada para ti.

9. Asiste a una sesión de orientación o periodo de prueba

Algunas organizaciones ofrecen periodos de prueba para que experimentes el entorno antes de comprometerte a largo plazo. Aprovecha esta oportunidad para hacer preguntas y evaluar si la experiencia se alinea con tus expectativas.

10. Toma una decisión informada

Basándote en tu investigación y evaluación personal, selecciona una oportunidad que te motive, te emocione y te permita contribuir de manera significativa.

LIDERAZGO DE SERVICIO: ELEVAR A LOS DEMÁS PARA TRANSFORMAR EL MUNDO

¿Qué es el liderazgo de servicio?

El liderazgo de servicio es un estilo de liderazgo que pone a las personas en el centro. A diferencia de los modelos tradicionales, donde el líder busca poder o reconocimiento, el líder servidor tiene como objetivo principal ayudar a otros a crecer, florecer y alcanzar sus metas. Es alguien que lidera desde la empatía, la humildad y el compromiso con el bienestar colectivo, no desde la autoridad jerárquica.

Este tipo de liderazgo puede manifestarse en cualquier entorno: en una organización, en tu comunidad o incluso en tu familia. Implica estar al servicio de los demás, no como un gesto de sacrificio, sino como una elección consciente para generar un impacto positivo y duradero.

Líderes como Robert K. Greenleaf, quien acuñó el término, nos enseñaron que cuando el bienestar de las personas se convierte en prioridad, el verdadero cambio ocurre desde dentro hacia afuera.

1. Comprende los principios del liderazgo de servicio

El primer paso para convertirte en un líder servidor es comprender los valores que sustentan esta filosofía. Se trata de priorizar las necesidades de los demás, fomentar la colaboración y guiar con humildad.

2. Cultiva la empatía y la compasión

Los líderes servidores priorizan el bienestar de quienes los rodean. Escuchar activamente, mostrar interés genuino y demostrar compasión en cada interacción es fundamental.

3. Predica con el ejemplo

Un verdadero líder servidor no solo delega tareas, sino que se involucra activamente. Muestra humildad, integridad y autenticidad en todas tus acciones.

4. Sirve de forma desinteresada

Este tipo de liderazgo requiere ofrecer tu tiempo, habilidades y recursos sin esperar nada a cambio. Así construyes relaciones basadas en la confianza y el respeto.

5. Empodera y desarrolla a otros

Busca oportunidades para que otros brillen. Delegar, apoyar y fomentar la autonomía son pilares esenciales.

6. Construye relaciones basadas en la confianza

Fomenta un ambiente seguro donde todos puedan expresar ideas, asumir riesgos y aprender de los errores.

7. Lidera con propósito y visión

Inspira a otros comunicando una visión clara y motivadora. Compartir el "porqué" detrás de cada iniciativa fortalece el compromiso.

8. Aprende y crece continuamente

Un líder servidor nunca deja de aprender. Acepta la crítica constructiva y reconoce que siempre hay espacio para mejorar.

9. Practica la gratitud y la generosidad

El reconocimiento genuino fortalece la motivación y el sentido de pertenencia. Agradecer a los demás genera un entorno positivo y colaborativo.

10. Inspira a otros a liderar

El mayor legado de un líder servidor es formar otros líderes. Ofrece las herramientas y el acompañamiento necesario para multiplicar el impacto.

LA TRIFECTA DEL IMPACTO: MENTORÍA, VOLUNTARIADO Y LIDERAZGO DE SERVICIO

Estos tres conceptos forman una poderosa trifecta que impulsa el cambio positivo en individuos y comunidades.

Mentoría: Al compartir tus conocimientos y experiencias, ayudas a otros a descubrir su potencial y construir caminos exitosos. La mentoría crea vínculos significativos y acelera el crecimiento personal y profesional.

Voluntariado: Al dedicar tu tiempo y habilidades a una causa, contribuyes directamente a mejorar la vida de personas y comunidades. Además, te conecta con realidades distintas y fortalece tu sentido de propósito.

Liderazgo de servicio: Al adoptar esta filosofía, creas un entorno donde las personas se sienten valoradas, empoderadas y motivadas a alcanzar sus metas. Tu ejemplo inspira, transforma y deja huella.

Cada uno de estos elementos se complementa con los otros, generando un impacto que trasciende el ámbito personal y deja una huella positiva en la sociedad.

UN LLAMADO A LA ACCIÓN: ELEVA A LOS DEMÁS, DEJA TU LEGADO

Te invito a que te sumes a esta poderosa misión. Al convertirte en mentor, voluntario o líder de servicio, puedes ser la chispa que encienda el cambio en la vida de otra persona. No subestimes el impacto de tus acciones: una palabra de aliento, un gesto de apoyo o una decisión valiente pueden transformar no solo un sueño, sino un destino completo.

Hoy tienes la oportunidad de marcar la diferencia.

- De extender la mano.
- De convertir tu experiencia en guía.
- De transformar tus talentos en herramientas de impacto.

Porque cuando elevas a otros, también te elevas tú. Y en ese proceso, construyes algo que va más allá del reconocimiento: **un legado que trasciende, que inspira y que permanece.**

CAPÍTULO 6

SIÉNTETE BIEN

Explorando las dimensiones del bienestar

Al reflexionar sobre la evolución de mi programa creado en 2007, he llegado a reconocer que el éxito va mucho más allá de la perseverancia, la autodisciplina o la fijación de metas. A medida que he crecido personal y profesionalmente, he comprendido que hay elementos fundamentales que también desempeñan un papel esencial en nuestra capacidad para prosperar, el bienestar integral, el valor de nuestros sistemas de apoyo y el poder transformador de soltar.

Este entendimiento me llevó a expandir mi programa original de los **Cinco pasos hacia el éxito** para incluir tres nuevas áreas que considero cruciales para alcanzar una vida plena y satisfactoria. En el centro de esta expansión se encuentra un principio fundamental: **sentirse bien es el cimiento que sustenta cada uno de nuestros logros**.

Cuando nos sentimos bien en cuerpo, mente y espíritu, ganamos la claridad, la energía y la determinación necesarias para enfrentar desafíos, superar obstáculos y celebrar nuestros logros con plenitud.

LA IMPORTANCIA DE SENTIRSE BIEN

Este libro es más que una serie de pasos para alcanzar tus metas, es una invitación a cultivar una vida equilibrada y gratificante. Cada uno de tus sueños merece tener un espacio en tu vida, pero ese espacio solo puede existir si te encuentras en un estado de bienestar que te permita sostener tus aspiraciones.

Es importante reconocer que **el bienestar no es estático**, sino dinámico. Cambia con las circunstancias, evoluciona con cada etapa de la vida y se adapta a nuestras necesidades en cada momento. Lo que hoy te ayuda a sentirte bien puede transformarse mañana y eso está bien. Aprender a reconocer y responder a esos cambios es clave para construir una vida plena.

El bienestar es un viaje continuo y consciente. No se trata solo de sentirse bien cuando las cosas van bien, sino de desarrollar la capacidad de recuperar el equilibrio cuando enfrentamos adversidades. En este capítulo, compartiré contigo anécdotas personales, reflexiones y pasos prácticos que puedes aplicar para cultivar tu bienestar de manera integral.

¿QUÉ ES EL BIENESTAR INTEGRAL?

El **Global Wellness Institute (GWI)**[1] —una organización líder a nivel mundial dedicada a la investigación y promoción del bienestar como motor clave de la salud y el desarrollo económico— define el bienestar como *"la búsqueda activa de actividades, elecciones y estilos de vida que conducen a un estado de salud holística"*.

Esta definición destaca un aspecto crucial: el bienestar no ocurre por casualidad; es el resultado de decisiones conscientes y hábitos consistentes.

Si bien hay múltiples dimensiones del bienestar reconocidas en la literatura y la investigación, he optado por centrarme en cinco áreas clave que, en mi experiencia, tienen el mayor impacto en nuestra vida diaria:

1. Bienestar Físico
2. Bienestar Emocional
3. Bienestar Social
4. Bienestar Espiritual
5. Bienestar Financiero

Cada una de estas dimensiones es un pilar que sostiene nuestro bienestar general, y todas están interconectadas. Descuidar una de ellas puede afectar negativamente a las demás, mientras que fortalecerlas en conjunto genera un equilibrio poderoso que nos permite florecer.

[1] El Global Wellness Institute (GWI) es una organización sin fines de lucro dedicada a promover la investigación, la educación y la concienciación sobre el bienestar a nivel global. Su objetivo es empoderar a individuos y comunidades para llevar una vida más saludable y equilibrada. Más información en: www.globalwellnessinstitute.org

EL PODER DE PRIORIZAR EL BIENESTAR

Mi propio viaje hacia el bienestar integral ha estado lleno de lecciones poderosas. Hubo momentos en los que ignoré algunas de estas áreas, creyendo que el esfuerzo y la dedicación profesional eran suficientes para llevarme al éxito. Aprendí que descuidar el bienestar puede hacer que incluso los mayores logros se sientan vacíos o insostenibles.

Por ejemplo, durante los años más exigentes de mi carrera en los que combinaba responsabilidades profesionales, compromisos familiares y mis estudios de posgrado, mi bienestar físico se vio gravemente afectado. Estaba tan enfocada en avanzar que pasé por alto la necesidad de descansar, alimentarme adecuadamente y darme tiempo para recargar energías. No fue hasta que mi cuerpo literalmente me obligó a detenerme que comprendí que el bienestar no es un lujo, sino una necesidad.

Ese episodio fue un llamado de atención que transformó mi manera de vivir. Desde entonces, he adoptado un enfoque consciente en el que cada dimensión del bienestar es una prioridad activa en mi vida.

UN VIAJE PERSONAL HACIA EL BIENESTAR INTEGRAL

El bienestar se construye con decisiones diarias. No se trata de una transformación radical de la noche a la mañana, sino de pequeños pasos consistentes que, con el tiempo, crean un impacto poderoso.

En los siguientes apartados, exploraré cada una de las cinco dimensiones del bienestar, compartiendo experiencias personales, herramientas prácticas y estrategias efectivas que te permitirán fortalecer tu bienestar integral. Mi deseo es que estas lecciones no solo te inspiren, sino que te motiven a aplicar estas prácticas en tu propia vida, con el fin de sentirte bien mientras avanzas en la realización de tus sueños.

El éxito en su forma más genuina, es poder disfrutar plenamente de cada paso del camino.

Comencemos este viaje hacia el bienestar integral, donde el sentirte bien se convertirá en tu mayor fortaleza para alcanzar todo lo que te propongas.

BIENESTAR FÍSICO:EL CUIDADO DEL CUERPO COMO FUNDAMENTO DEL ÉXITO

El bienestar físico se refiere al estado óptimo de salud y funcionamiento del cuerpo abarcando aspectos como la actividad física, la nutrición adecuada y el cuidado preventivo. Es el pilar que sostiene nuestra energía, claridad mental y capacidad para enfrentar los desafíos diarios.

MI CAMINO HACIA EL BIENESTAR FÍSICO

A los dieciocho años, mientras cursaba mis estudios en el colegio comunitario, descubrí mi afinidad por el movimiento a través de dos deportes que resonaron profundamente en mí: la **natación** y el **ráquetbol**. Aunque nunca me consideré una atleta nata, encontré en estas actividades no solo una forma de ejercicio, sino también una fuente invaluable de disciplina, motivación y bienestar.

La natación se convirtió en mi primer gran maestro en el arte de superarme. Cada sesión de práctica era una oportunidad para desafiar mis límites, un golpe a la vez. A medida que mejoraba mi técnica y velocidad, aprendí que el verdadero éxito no siempre reside en vencer a otros, sino en superar mis propios récords. Esta lección se convirtió en una poderosa metáfora para la vida: la constancia y el esfuerzo gradual pueden generar resultados extraordinarios.

El ráquetbol, por otro lado, añadió un componente social y competitivo a mi bienestar físico. Este deporte, rápido y estratégico, me exigía agilidad mental y física. Unirme a un club local y jugar regularmente con un vecino más joven no solo mejoró mi destreza en el juego, sino que también fomentó una invaluable sensación de camaradería. Fue a través de estos encuentros que entendí que el ejercicio también puede ser una experiencia compartida, llena de risas, aprendizaje y conexión.

LA EVOLUCIÓN DE MIS HÁBITOS FÍSICOS

A medida que la vida avanzaba y mis responsabilidades aumentaban, entendí que cuidar de mi cuerpo debía seguir siendo una prioridad. Incorporé un régimen de **caminatas regulares**, e incrementé mi enfoque en la **hidratación diaria**.

También aprendí la importancia de la **prevención**. Atender mi bienestar físico no solo significaba reaccionar ante los problemas, sino también anticiparme a ellos. Adoptar una mentalidad proactiva en torno a los chequeos médicos rutinarios, una alimentación balanceada y un descanso adecuado se convirtió en una parte clave de mi rutina.

En el capítulo 8 compartiré una experiencia personal que reafirmó la importancia de la prevención y cómo ésta demostró ser una decisión que me salvó la vida.

BIENESTAR EN LA PRÁCTICA: EL CUIDADO INTEGRAL

En *Elevink* el bienestar físico es uno de los pilares fundamentales que promovemos en nuestras sesiones de capacitación, combinando tres elementos clave que impactan directamente en la salud y el éxito profesional:

1. **Etiqueta corporativa**
2. **Superalimentos**
3. **Atención plena**

Aunque pueda parecer inesperado en el contexto del bienestar físico, la **etiqueta corporativa** es una poderosa herramienta que también impacta directamente en nuestra salud **mental y emocional**. Nos ayuda a desenvolvernos con mayor seguridad en entornos sociales y profesionales, reduciendo la ansiedad que puede surgir al no saber cómo comportarse en determinadas situaciones.

Pero, **¿qué es exactamente la etiqueta corporativa?** Se refiere al **conjunto de normas de comportamiento, presentación personal y comunicación profesional** que nos permiten interactuar de forma respetuosa, efectiva y elegante en el mundo laboral.

No es lo mismo comportarte en una comida con colegas que en una junta con directivos o altos funcionarios. Conocer estas diferencias y saber cómo actuar en cada contexto es clave para proyectar una imagen profesional sólida, coherente y auténtica.

BENEFICIOS DE LA ETIQUETA CORPORATIVA:

- **Fomenta la confianza:** Saber cómo comportarte en distintos escenarios te da seguridad interior, lo que reduce el estrés y la ansiedad en situaciones sociales o laborales.

- **Mejora tus habilidades de comunicación:** Aprender a presentarte, iniciar conversaciones, manejar silencios incómodos y salir de diálogos tensos con elegancia puede transformar tu experiencia profesional.
- **Domina el protocolo en la mesa:** Saber comportarte en cenas formales y almuerzos de negocios evita momentos incómodos y fortalece tu imagen.
- **Cuida tu presentación personal:** Vestirte con intención, según el contexto, impacta no solo en cómo los demás te perciben, sino también en cómo te percibes a ti mismo.
- **Promueve la conciencia cultural:** En un mundo globalizado, entender y respetar los códigos sociales de otras culturas es clave para fomentar la inclusión y generar relaciones profesionales más sólidas.

SUPERALIMENTOS: NUTRICIÓN QUE TRANSFORMA

Una alimentación balanceada es clave para potenciar nuestra energía, fortalecer el sistema inmune y mantener una salud óptima. Incorporar **superalimentos** en nuestra dieta es una forma sencilla y poderosa de mejorar nuestro bienestar físico.

Estas recomendaciones surgieron durante una sesión especial impartida por mi hermana —chef de profesión— para **Elevink**, en la que compartió consejos prácticos sobre cómo integrar alimentos altamente nutritivos en la vida diaria. Su enfoque combinaba sabor, simplicidad y beneficios comprobados para la salud, lo que la convirtió en una experiencia transformadora para todos los participantes.

Algunos de los superalimentos que destacó incluyen:

- **Bayas**: Ricas en antioxidantes que combaten el envejecimiento celular.
- **Pescado graso**: Fuente de ácidos grasos omega-3, fundamentales para la salud cardiovascular y cerebral.
- **Nueces y semillas**: Excelentes para obtener grasas saludables, fibra y antioxidantes.
- **Verduras de hojas verdes**: Aportan vitaminas y minerales esenciales para fortalecer el sistema inmunológico.
- **Cúrcuma**: Conocida por sus propiedades antiinflamatorias, ideal para el bienestar general del organismo.

Estos alimentos no solo aportan nutrientes vitales, sino que también promueven la longevidad, la energía sostenida y el equilibrio físico.

TU CAMINO HACIA EL BIENESTAR FÍSICO

Al embarcarte en tu viaje hacia el bienestar físico, es fundamental establecer metas claras y acciones prácticas que te acerquen a tus objetivos. Pregúntate:

- ¿Qué hábitos saludables puedes implementar hoy?
- ¿Qué actividad física disfrutas y puedes adoptar de forma constante?
- ¿De qué manera puedes integrar superalimentos para potenciar tu salud?

El bienestar físico no se construye de la noche a la mañana, sino con decisiones pequeñas pero consistentes. Tal vez el primer paso sea comprometerte a caminar 20 minutos al día, elegir una ensalada en lugar de una comida rápida o dormir media hora más cada noche. Cada elección que prioriza tu bienestar cuenta.

Tu cuerpo es el vehículo que te llevará a cumplir tus sueños. Al cuidar de él con atención y amor, te estás regalando la energía, claridad y vitalidad necesarias para alcanzar metas mayores.

BIENESTAR EMOCIONAL: CULTIVAR LA PAZ INTERIOR Y LA RESILIENCIA

El bienestar emocional se refiere a la capacidad de reconocer, comprender y gestionar las emociones de manera efectiva y equilibrada. Es el arte de mantener la calma en medio del caos, encontrar claridad en la incertidumbre y construir relaciones positivas que nutran nuestro bienestar.

MI CAMINO HACIA EL BIENESTAR EMOCIONAL

Reconocida por mi alta **inteligencia emocional**, he perfeccionado la habilidad de manejar el estrés, cultivar la resiliencia y fomentar relaciones significativas. Sin embargo, este dominio no ocurrió por casualidad; ha sido el resultado de experiencias de vida, desafíos y prácticas intencionales que me han ayudado a encontrar el equilibrio emocional.

Una de las herramientas más poderosas que descubrí en este viaje fue **llevar un diario**. Esta práctica se convirtió en mi ancla durante momentos de incertidumbre y emociones negativas. En las páginas de mi diario encontré un refugio donde podía ordenar mis pensamientos, explorar mis sentimientos y reencontrarme con la gratitud.

Cuando me siento abrumada o insegura, recurro a mi diario para:

- Escribir las preguntas que me inquietan.
- Identificar las causas profundas de mis emociones.
- Planificar los próximos pasos de forma clara.
- Anotar personas de confianza a quienes puedo recurrir en busca de apoyo.
- Enumerar las bendiciones en mi vida para reforzar la gratitud.

Este proceso de autodescubrimiento no solo me ayuda a gestionar mis emociones, sino que también me proporciona una sensación de empoderamiento y perspectiva.

MI MARCA PERSONAL COMO ANCLA EMOCIONAL

Otro recurso poderoso que ha fortalecido mi bienestar emocional es el ejercicio de definir mi **marca personal**. Al identificar mis puntos fuertes, mi audiencia objetivo y mi propuesta de valor única, logré destilar mi propósito en una declaración concisa:

"Soy una pionera que impulsa la visión para crear oportunidades para el talento subrepresentado."

Esta declaración se ha convertido en mi brújula emocional, guiándome en momentos de incertidumbre y ayudándome a recordar mi misión incluso cuando los desafíos parecen abrumadores.

EL PODER DEL COACHING Y LA MENTORÍA

A lo largo de mi trayectoria, he aprendido que **buscar apoyo profesional** es una herramienta invaluable para el bienestar emocional. Invertir en coaching y recibir la guía de mentores me ha ayudado a trazar caminos claros en medio de la incertidumbre.

ENCUENTRA TU FELICIDAD

El bienestar emocional no solo se construye a través del manejo del estrés o la superación de obstáculos; también se fortalece al identificar y cultivar momentos de **felicidad genuina**.

Pregúntate:

¿Qué actividad disfrutas tanto que podrías hacerla todo el día y sentirte feliz?

Reconocer esas actividades que nacen de tu interior es clave para tu bienestar emocional. Depender únicamente de factores externos para sentir alegría es menos sostenible; en cambio, encontrar lo que realmente te llena te brinda una fuente inagotable de bienestar.

EL PODER DEL PENSAMIENTO POSITIVO

La positividad crea un efecto dominó que transforma tu entorno. Cuando te sientes bien y sonríes, atraes más experiencias positivas.

Recuerdo una ocasión en la que estaba en una tienda con prisas, tratando de comprar globos para la celebración de cumpleaños de mi hijo. Vi que la fila era larga y en lugar de frustrarme, decidí cambiar mi energía. Le expliqué a una señora los motivos de mi apuro para llegar al evento de mi hijo. No solo me dejó pasar, sino que otras personas en la fila hicieron lo mismo. Lo que comenzó como un momento estresante se convirtió en una cadena de amabilidad impulsada por mi actitud positiva.

EVITA DESENCADENANTES NEGATIVOS

Tan importante como buscar la felicidad es identificar y minimizar aquellos factores que desencadenan emociones negativas. Identificar las personas, situaciones o hábitos que drenan tu energía te permite tomar medidas conscientes para proteger tu bienestar emocional.

Si las redes sociales generan comparación y frustración, limitar tu tiempo en estas plataformas puede ser una decisión poderosa para proteger tu paz mental.

HERRAMIENTAS PRÁCTICAS PARA EL BIENESTAR EMOCIONAL

En la baraja de cartas *De Sueños a Destino*, encontrarás ejercicios y afirmaciones diseñados para ayudarte a gestionar tus emociones y fortalecer tu bienestar emocional. Algunas herramientas que recomiendo incluir en tu rutina son:

1. Afirmaciones Positivas

Repite frases empoderadoras como: *"Soy fuerte y capaz de superar cualquier desafío." "La gratitud guía mi día y me llena de paz."*

Estas afirmaciones refuerzan pensamientos positivos y fortalecen tu mentalidad.

2. Reflexión Diaria

Tómate unos minutos al final del día para reflexionar sobre los momentos que te hicieron feliz. Escribirlos te permite reconocer patrones y cultivar más de esas experiencias positivas.

3. Práctica de gratitud

Antes de dormir escribe tres cosas por las que estás agradecido. Esta práctica te ayuda a enfocarte en lo positivo, incluso en los días difíciles.

4. Conciencia plena (Mindfulness)

El *mindfulness*, o **conciencia plena**, es la práctica de prestar atención al momento presente con intención, sin juzgar. Implica estar plenamente presente —con el cuerpo, la mente y el corazón— en lo que estás viviendo aquí y ahora.

Participar en prácticas como la meditación, la respiración consciente o simplemente detenerte a apreciar lo que te rodea puede ayudarte a encontrar calma, claridad y equilibrio en medio del ritmo acelerado de la vida diaria.

Reflexión Final

El bienestar emocional no se trata de evitar las emociones negativas, sino de aprender a comprenderlas, gestionarlas y convertirlas en oportunidades de crecimiento. Cuando te tomas el tiempo para cultivar la gratitud, practicar la autorreflexión y rodearte de influencias positivas, construyes una base sólida para el bienestar duradero.

¿Cuáles son tus momentos de felicidad?

¿Qué hábitos puedes adoptar hoy para proteger tu bienestar emocional?

Al identificar lo que te hace sentir bien y tomar medidas concretas para cultivar esas experiencias, te acercarás cada vez más a una vida más equilibrada, plena y feliz.

BIENESTAR SOCIAL: EL PODER DE LAS CONEXIONES SIGNIFICATIVAS

El bienestar social se refiere a la calidad de las relaciones que mantenemos con los demás y nuestra capacidad para interactuar de manera efectiva dentro de nuestra comunidad y la sociedad en general.

Las relaciones humanas desempeñan un papel fundamental en nuestra felicidad, salud mental y éxito personal. Nuestros vínculos sociales pueden brindar apoyo en momentos de dificultad, amplificar nuestra alegría en tiempos de celebración y contribuir a una sensación de pertenencia y propósito.

LA EVOLUCIÓN DE MIS RELACIONES SOCIALES

A lo largo de mi vida, he aprendido que nuestras conexiones sociales son dinámicas y evolucionan a medida que avanzamos en diferentes etapas de nuestra vida. Al reflexionar sobre mis relaciones, me di cuenta de que están perfectamente segmentadas en tres categorías clave:

1. **Amigos del colegio**
2. **Amigos del trabajo**
3. **Amigos de toda la vida**

Cada uno de estos grupos ha sido esencial en mi bienestar social, desempeñando un papel vital en mi crecimiento emocional y en la construcción de una red de apoyo.

AMIGOS DEL COLEGIO: VÍNCULOS CON LA HISTORIA

Mis amigos del colegio son aquellos compañeros que conocí durante mis años de formación académica. Estas amistades son una conexión con mis raíces. Aunque nuestros caminos han tomado rumbos distintos, hemos logrado mantener una relación cercana. Cuatro décadas después, seguimos reuniéndonos para celebrar hitos importantes y compartir anécdotas entrañables que reavivan recuerdos y fortalecen nuestros lazos.

AMIGOS DEL TRABAJO: DE COMPAÑEROS A CONFIDENTES

Las amistades que nacen en el ámbito laboral tienen un valor único. Lo que comienza como una relación profesional, con el tiempo puede evolucionar hacia una conexión más personal y significativa.

Con algunos de mis amigos del trabajo he compartido importantes momentos de la vida como bodas, nacimientos, ascensos e incluso enfermedades. A través de estas experiencias, algunas conexiones profesionales se transformaron en amistades profundas, marcadas por la confianza y el apoyo mutuo.

AMIGOS DE TODA LA VIDA: MI RED DE SEGURIDAD EMOCIONAL

Los amigos de toda la vida son aquellos que elegí y cultivé en mi adultez. Son mi sistema de apoyo más sólido, aquellos que están presentes en los momentos buenos y malos. Ellos celebran conmigo mis logros y son mi refugio en tiempos oscuros. Estas relaciones están cimentadas en la confianza, la lealtad y el amor incondicional.

LA TRANSICIÓN A UNA NUEVA COMUNIDAD

En 2022 me mudé a Florida, lo que significó comenzar el proceso de construir nuevas relaciones. Aunque este proceso ha sido un desafío, estoy comprometida a encontrar personas que compartan mis valores, intereses y aspiraciones. La búsqueda de nuevas amistades es un acto intencional que requiere tiempo, paciencia y apertura.

En este esfuerzo, he aprendido que la clave está en participar activamente en actividades que disfruto y que favorecen la creación de conexiones significativas. Algunas de mis experiencias favoritas para fortalecer lazos incluyen:

- Citas para tomar café que se convierten en largas y sinceras conversaciones.
- Cenas significativas que brindan un espacio para conectar a un nivel más profundo.
- Talleres y actividades creativas que promueven la colaboración.
- Video llamadas, para mantener la cercanía con amigos que están lejos.

Cada uno de estos momentos se convierte en una oportunidad para construir relaciones auténticas y significativas.

LA DUALIDAD DE MI NATURALEZA SOCIAL

Mis pruebas de personalidad revelaron que me encuentro en el límite entre la **introversión** y la **extroversión**, inclinándome ligeramente hacia el lado introvertido. Esto me permite disfrutar de la compañía de los demás, pero también valorar profundamente el tiempo de calidad en pequeños entornos íntimos. Para mí, el bienestar social no se trata solo de rodearse de muchas personas, sino de construir relaciones genuinas y valiosas que nutran el alma.

EL IMPACTO DE LAS CONEXIONES SOCIALES EN EL BIENESTAR

La ciencia ha comprobado que mantener relaciones sociales sólidas tiene efectos positivos en nuestra salud mental y física. Las conexiones sociales ayudan a reducir el estrés, mejorar el estado de ánimo e incluso fortalecer el sistema inmunológico.

En momentos de crisis o adversidad, contar con un círculo de apoyo confiable puede marcar una diferencia significativa en nuestra capacidad para afrontar los desafíos.

REFLEXIÓN PERSONAL

En el próximo capítulo profundizaré en la importancia de encontrar nuestra "tribu" y construir un ecosistema social sólido. Compartiré ejemplos y anécdotas que ilustran cómo nuestras relaciones impactan profundamente en nuestro bienestar general.

Mientras tanto te invito a reflexionar sobre tu propia red social:

¿Qué papel juegan tus amigos y seres queridos en tu bienestar emocional y social?

¿Estás satisfecho con tus conexiones sociales o hay espacio para cultivar nuevas relaciones que te aporten alegría y apoyo?

El bienestar social es un aspecto esencial de nuestra vida. Al rodearnos de personas que nos inspiran, nos apoyan y nos desafían a crecer, creamos una red de seguridad emocional que fortalece nuestra resiliencia y nos impulsa hacia una vida más plena y feliz.

BIENESTAR ESPIRITUAL: EL PODER DEL PROPÓSITO Y LA CONEXIÓN INTERIOR

El bienestar espiritual se refiere a la sensación de propósito, significado y conexión con algo más grande que uno mismo. Es un viaje personal que explora nuestras creencias, valores y la forma en que encontramos paz interior en medio del ajetreo de la vida diaria.

MI CAMINO HACIA EL BIENESTAR ESPIRITUAL

Crecí en un hogar poco religioso; solo mi abuela rezaba el rosario e iba a misa los domingos. Mi primer acercamiento a la espiritualidad fue a través del catolicismo: fui bautizada e inscrita en una escuela primaria católica. A los nueve años realicé mi primera comunión, justo antes de que nuestra familia se mudara al norte de México —una mudanza que, en la práctica, puso fin a cualquier actividad religiosa formal.

A pesar de ese cambio, mi educación continuó nutriéndose de enseñanzas espirituales gracias a mi madre, quien tenía una amplia colección de libros de metafísica. A través de sus páginas, descubrí una visión que resonó profundamente en mí: la idea de que el universo es una vasta red de energía interconectada, donde cada acción, por pequeña que sea, genera un efecto dominó que influye en todo y en todos.

Con el tiempo, ese entendimiento fue moldeando mis creencias personales y fortaleciendo mi conexión con un propósito más elevado: **servir a los demás**. La meditación y la introspección se convirtieron en herramientas esenciales para mantenerme enraizada en ese propósito, permitiéndome tomar decisiones con mayor claridad, calma y compasión.

UNA ESPIRITUALIDAD BASADA EN EL RESPETO Y LA EMPATÍA

Aunque mi camino espiritual no ha seguido una trayectoria religiosa tradicional, siempre he mantenido un profundo respeto por todas las creencias. Estoy convencida de que, más allá de nuestras diferencias espirituales o religiosas, todos compartimos emociones humanas universales: amor, miedo, esperanza y tristeza. Reconocer esa humanidad compartida es el primer paso para construir respeto, comprensión y unidad entre comunidades diversas.

Desde esta perspectiva, he procurado ser una fuerza positiva en la vida de quienes me rodean, honrando sus creencias mientras promuevo la paz interior y el bienestar colectivo. **Porque al final, la espiritualidad auténtica no divide: une.**

EL IMPACTO TRANSFORMADOR DEL *MINDFULNESS*

En 2020 tuve la valiosa oportunidad de participar en el programa de **Reducción del Estrés Basado en la Atención Plena** (MBSR, por sus siglas en inglés), ofrecido por el Centro para la Atención Plena de la Universidad de California en San Diego. Este programa de ocho semanas, desarrollado por el Dr. Jon Kabat-Zinn, dejó una marca indeleble en mi vida, enseñándome herramientas prácticas para manejar el estrés, aliviar la ansiedad y fomentar el bienestar emocional y espiritual.

El programa MBSR está cuidadosamente diseñado para ayudar a los participantes a desarrollar habilidades de atención plena que les permitan afrontar las tensiones diarias con serenidad y claridad. Durante el curso, exploramos una variedad de prácticas y principios destinados a fomentar la conciencia plena:

Sesiones semanales: Cada semana, bajo la guía de instructores capacitados, exploramos prácticas como la meditación de exploración corporal, movimientos conscientes y técnicas de respiración que me ayudaron a centrarme y relajarme.

Educación y debate: Además de la práctica, recibimos educación sobre el manejo del estrés, la conexión entre la mente y el cuerpo y los principios fundamentales de la atención plena.

Día de la atención plena: Este retiro de meditación intensiva fue una experiencia poderosa que me permitió desconectarme del ritmo acelerado de la vida y sumergirme en la quietud y la introspección. Tuvimos que pasar las primeras seis horas del día sin pronunciar una sola palabra.

A través de este viaje, descubrí que la clave para cultivar el bienestar espiritual radica en encontrar momentos de calma en medio del caos. Practicar la atención plena me enseñó a estar presente, a reconocer mis pensamientos y emociones sin juzgarlos y, sobre todo, a responder a los desafíos de la vida con mayor compasión y aceptación.

INTEGRANDO LA ATENCIÓN PLENA EN ELEVINK

Inspirada por el impacto positivo del programa MBSR, incorporé la atención plena en el plan de estudios de bienestar de *Elevink*. Quería que los participantes del programa experimentaran de primera mano cómo estas técnicas podían enriquecer sus vidas.

La atención plena se convirtió en una herramienta poderosa para ayudar a los estudiantes a manejar el estrés, fortalecer su autoconfianza y encontrar claridad en sus metas personales y profesionales.

ENCONTRAR LA PAZ INTERIOR

El bienestar espiritual no se trata únicamente de seguir una doctrina o práctica específica; se trata de encontrar lo que nos conecta con nuestro yo interior y nos brinda paz. Para algunos, esto puede significar meditación o yoga; para otros, puede encontrarse en la naturaleza, en la música o en la escritura. Lo importante es descubrir cuáles prácticas te permiten encontrar serenidad y equilibrio.

REFLEXIÓN PERSONAL

A medida que reflexionas sobre tu propio bienestar espiritual, te invito a hacerte estas preguntas:

¿Has explorado prácticas como la meditación o el *mindfulness*?

¿De qué maneras encuentras paz interior en tu vida diaria?

¿Cómo puedes fomentar un mayor sentido de conexión y propósito en tu vida?

El bienestar espiritual es una poderosa fuente de fortaleza interior que nos permite afrontar la vida con mayor equilibrio, compasión y claridad. Al cultivar este aspecto fundamental de nuestro ser, creamos una base sólida para la felicidad, el bienestar emocional y el éxito en cada área de nuestra vida.

BIENESTAR FINANCIERO: CONSTRUYENDO SEGURIDAD Y ESTABILIDAD PARA EL FUTURO

El bienestar financiero se refiere al estado de salud y estabilidad económica de una persona. Va más allá de simplemente ganar dinero; implica gestionar eficazmente tus finanzas, tomar decisiones informadas y desarrollar una sensación de seguridad y control sobre tu futuro financiero.

MI VIAJE HACIA LA SEGURIDAD FINANCIERA

Como compartí en capítulos anteriores, mi educación estuvo enmarcada en un hogar de clase media en México. Al migrar a los Estados Unidos llegué con recursos financieros limitados, lo que me obligó a desarrollar habilidades de administración del dinero desde una edad temprana. Mi incursión en la industria de los seguros comenzó cuando tenía solo quince años, trabajando en la frontera entre California y México. Allí vendía seguros de automóvil para los conductores que cruzaban la frontera.

Este primer contacto con el sector financiero fue revelador. Poco después, ingresé a una compañía de seguros más grande, especializándome en pólizas de automóviles y viviendas. Al establecerme en Estados Unidos, obtuve mi licencia del estado de California para comercializar seguros, lo que me permitió ampliar mis conocimientos y ofrecer una gama completa de coberturas personales: seguros de automóvil, vivienda, vida y salud. Esta experiencia no solo consolidó mi carrera, sino que también despertó en mí la conciencia de la importancia de proteger nuestros bienes y planificar para el futuro.

LA REALIDAD DEL ESTRÉS FINANCIERO

La gestión financiera eficaz es fundamental para aliviar el estrés económico. Según una encuesta de la **Asociación Americana de Psicología (APA)** realizada en 2020, el **64% de los adultos en Estados Unidos** identificó el dinero como una fuente importante de estrés. En 2021, la misma asociación informó que el

56% de los adultos seguía experimentando ansiedad financiera significativa.

Este tipo de datos refuerza la necesidad de implementar hábitos financieros sólidos que contribuyan a la estabilidad económica y la tranquilidad emocional. Si bien no soy asesora financiera (y siempre recomiendo consultar con expertos en el tema), mi experiencia personal me ha enseñado que hay cuatro decisiones clave que han marcado una gran diferencia en mi bienestar financiero.

CUATRO DECISIONES FINANCIERAS CLAVE QUE ME HAN FUNCIONADO PARA LA ESTABILIDAD ECONÓMICA

A lo largo de los años, he tomado algunas decisiones financieras que no solo me han ayudado a construir estabilidad económica, sino que también me han dado tranquilidad y libertad de elección. A continuación, comparto cuatro estrategias que han marcado una diferencia en mi vida, sabiendo que cada persona, país y contexto puede requerir un enfoque distinto.

Nota importante: Estas estrategias están basadas en mi experiencia personal en Estados Unidos. Si vives en otro país, como México u otra región de Latinoamérica, algunas regulaciones, beneficios o condiciones pueden variar considerablemente. Te invito a adaptar estas ideas a tu contexto y buscar asesoría local si es necesario.

Crear un presupuesto

Elaborar un presupuesto es la base de una gestión financiera sólida. Registrar tus ingresos y gastos te proporciona una imagen clara de adónde va tu dinero y te permite identificar áreas en las que puedes reducir costos o aumentar tus ahorros.

Establecer un presupuesto me ayudó a tomar decisiones más informadas y asignar fondos para alcanzar mis objetivos a largo plazo, como la compra de una vivienda o la educación de mis hijos.

Inversión en bienes raíces

Invertir en propiedades ha sido, para nosotros, una forma efectiva de construir patrimonio a largo plazo. Los bienes raíces ofrecen un activo tangible que, en muchos casos, puede apreciarse con el tiempo.

Mi esposo y yo logramos comprar nuestra primera casa a pesar de tener recursos limitados. Esa decisión no solo nos dio estabilidad, sino que también abrió la puerta a nuevas oportunidades financieras.

Advertencia: En algunos países, las políticas fiscales, los altos costos o los riesgos legales pueden hacer menos atractiva la inversión inmobiliaria. Evalúa tu situación local con cuidado antes de tomar una decisión de este tipo.

Seguro de vida con acumulación de valor en efectivo

Optar por una póliza de seguro de vida que acumule valor en efectivo puede ser una decisión estratégica. Este tipo de seguro ofrece protección para tus seres queridos en caso de fallecimiento, y al mismo tiempo, actúa como una herramienta de ahorro a largo plazo.

En nuestro caso, fue una de las mejores decisiones financieras que tomamos. Gracias al capital acumulado, pudimos cubrir un semestre de estudios universitarios en Barcelona para nuestro hijo mayor. Además, esa cobertura nos brinda la tranquilidad de saber que mi familia estará protegida si uno de nosotros llegara a faltar.

Maximizar los beneficios del empleador

Aprovechar los beneficios que ofrece tu lugar de trabajo puede mejorar significativamente tu bienestar económico. Algunos ejemplos incluyen:

- **Fondo de retiro (como el 401(k) en Estados Unidos):** Un programa de ahorro para el retiro en el que tú y tu empleador pueden hacer aportaciones. En muchos casos, el empleador iguala una parte de tu contribución, lo que representa dinero adicional que puede crecer con el tiempo.

- **Reembolso educativo:** Ayuda económica para pagar estudios o certificaciones que impulsan tu desarrollo profesional.

- **Descuentos y programas de salud:** Algunos empleadores ofrecen beneficios como membresías, seguros complementarios, o asistencia para el bienestar físico y mental.

En una ocasión, utilicé el programa de reembolso educativo de mi empresa para costear parte de mi maestría. Esto me permitió seguir creciendo profesionalmente sin tener que recurrir a mis ahorros personales.

1. **Fortaleciendo la estabilidad financiera**

Además de las decisiones clave que mencioné anteriormente, hay **dos prácticas adicionales** que han sido fundamentales en mi camino hacia una vida financiera más estable y estratégica:

Fondo de emergencia

Contar con un fondo de ahorro para imprevistos es crucial. Este fondo me ha permitido enfrentar situaciones inesperadas —como reparaciones en el hogar o gastos médicos— sin endeudarme ni afectar mis otros objetivos financieros. Tener al menos tres a seis meses de gastos cubiertos me brinda tranquilidad y resiliencia ante cualquier cambio repentino.

Inversiones diversificadas según tus objetivos

Explorar opciones de inversión ha sido otra manera efectiva de hacer crecer nuestro patrimonio. Sin embargo, aprendí que **no existe una única fórmula**. El tipo de inversión que elijas debe estar alineado con **tu perfil de riesgo, tus metas y tu horizonte de tiempo**.

Importante: A mayor riesgo, mayor puede ser la ganancia potencial... pero también la posibilidad de pérdida. Por eso, antes de invertir, es recomendable consultar a un asesor financiero que te ayude a definir tu perfil y construir una estrategia adecuada para ti.

En nuestro caso, optamos por una **combinación de inversiones con distintos niveles de riesgo**, pensadas para objetivos diferentes. Algunas más conservadoras —como cuentas de alto rendimiento — para proteger el capital, y otras de riesgo moderado, pensadas a largo plazo. Este enfoque diversificado no solo minimiza el riesgo, sino que me permite avanzar hacia múltiples metas al mismo tiempo.

LA IMPORTANCIA DE LA PLANIFICACIÓN FINANCIERA FAMILIAR

En algunas culturas, hablar sobre dinero o temas como la muerte puede considerarse tabú. Sin embargo, iniciar estas conversaciones en familia es fundamental para tomar decisiones informadas que protejan nuestro futuro financiero y el bienestar de nuestros seres queridos.

Recuerdo el momento en que mi esposo y yo decidimos discutir nuestro plan financiero familiar. Acordamos qué cantidad destinaríamos a nuestro fondo de emergencia, qué proporción iría a nuestros ahorros para la jubilación y qué plan de seguro sería el más adecuado para nuestra familia. Esta conversación abierta no solo redujo nuestra ansiedad financiera, sino que también nos brindó tranquilidad, sabiendo que estábamos preparados para enfrentar imprevistos.

REFLEXIÓN PERSONAL

El bienestar financiero no se construye de la noche a la mañana; es el resultado de decisiones conscientes y consistentes a lo largo del tiempo. Al igual que el ejercicio físico fortalece el cuerpo, cultivar buenos hábitos financieros fortalece nuestra estabilidad económica.

¿Cuándo fue la última vez que estableciste metas financieras claras?

¿Estás aprovechando al máximo los beneficios que te ofrece tu empleador?

¿Has tenido conversaciones abiertas con tus seres queridos sobre sus planes financieros y de protección familiar?

No importa en qué punto te encuentres en tu viaje financiero, dar el primer paso, ya sea creando un presupuesto, explorando opciones de inversión o buscando asesoría profesional— es clave para construir un futuro económico más seguro y lleno de posibilidades.

REFLEXIONES FINALES SOBRE EL BIENESTAR INTEGRAL

En este capítulo he compartido mi viaje personal hacia el bienestar integral, destacando cinco dimensiones fundamentales: física, emocional, social, espiritual y financiera. Cada una de estas áreas ha desempeñado un papel crucial en mi crecimiento personal y en la consecución de mis metas.

En cuanto al **bienestar físico**, hablé de cómo incorporar el ejercicio regular, una alimentación equilibrada y el descanso adecuado ha sido clave para mejorar mis niveles de energía, vitalidad y resistencia general.

En el ámbito **emocional**, destaqué la importancia de la autoconciencia, el manejo saludable de las emociones y el desarrollo de mecanismos de afrontamiento efectivos. Prácticas como llevar un diario y buscar apoyo han sido herramientas valiosas que me han permitido afrontar los desafíos con mayor fortaleza y claridad mental.

En el aspecto **social**, subrayé la relevancia de construir y mantener relaciones significativas. Al cultivar vínculos sólidos con familiares, amigos y la comunidad, he encontrado apoyo emocional y momentos de alegría compartida que enriquecen mi vida.

El **bienestar espiritual** se ha convertido en una fuente fundamental de paz interior y propósito. A través de la meditación, la reflexión y la gratitud, he fortalecido mi conexión con algo más grande que yo, lo que me ha proporcionado claridad y serenidad ante los desafíos.

Por último, el **bienestar financiero** ha sido esencial para alcanzar estabilidad y libertad. Implementar hábitos como la planificación presupuestaria, el ahorro y una gestión financiera consciente me ha brindado seguridad y tranquilidad, permitiéndome concentrarme en mis objetivos y sueños.

Cuidar cada una de estas áreas ha sido clave para vivir con mayor equilibrio, fortalecer mi resiliencia y mantener una sensación genuina de plenitud. Al priorizar estas dimensiones, he logrado avanzar con intención y disfrutar de una vida más satisfactoria.

En el *De Sueños a Destino: Diario de Transformación*, he diseñado un espacio especial para que evalúes tu bienestar en cada una de estas dimensiones. Además, incluye herramientas prácticas y metas por etapas que te ayudarán a avanzar en tu propio camino hacia el bienestar integral.

Y antes de cerrar este capítulo, quiero dejarte un regalo: una breve meditación escrita, que puedes realizar en cualquier momento para reconectar contigo y cultivar calma, claridad y presencia.

MEDITACIÓN PARA CULTIVAR LA PAZ INTERIOR

Duración sugerida: 5–10 minutos

Encuentra un espacio tranquilo donde puedas sentarte cómodamente. Cierra los ojos y respira profundamente, inhalando por la nariz y exhalando por la boca. Hazlo tres veces, con intención.

1. **Lleva tu atención al presente.**

   Observa cómo se siente tu cuerpo. ¿Hay tensión? ¿Hay calma? No juzgues. Solo observa.

2. **Conecta con tu interior.**

   Pregúntate en silencio:

   ¿Qué necesito en este momento para sentirme en paz?

   Permítete escuchar la respuesta sin presionarte.

3. **Visualiza tu energía expandiéndose.**

   Imagina una luz suave en el centro de tu pecho. Esa luz representa tu paz interior. Con cada respiración, visualiza cómo se expande hacia todo tu cuerpo, y luego más allá: hacia tu hogar, tu comunidad, el mundo.

4. **Reconoce la humanidad compartida.**

   Repite internamente:

   Así como yo deseo paz, también otros la desean.

   Así como yo experimento miedo, también otros lo experimentan.

   Así como yo merezco bienestar, todos lo merecen.

5. **Cierra con gratitud.**

   Agradece este momento de conexión contigo mismo. Abre los ojos con suavidad y vuelve al presente, llevando contigo esa sensación de calma, respeto y compasión.

Cuida de ti en cada una de estas dimensiones. Tu bienestar no es un destino... es una práctica diaria. "Y tienes todo lo que necesitas para hacerla tuya."

CAPÍTULO 7

ENCUENTRA A TU TRIBU

Descubre tu Red de Apoyo

HISTORIA PERSONAL N.º 1: CIUDAD DE MÉXICO (1995-1996) EL MODELO PIE EN ACCIÓN

Los nueve meses que viví en la Ciudad de México fueron una etapa de pura felicidad. Aunque breve, esta experiencia se convirtió en un capítulo enriquecedor en mi vida, lleno de descubrimientos culturales, crecimiento personal y aprendizajes profesionales. Disfruté del vibrante ambiente urbano, sumergiéndome en obras de teatro, festivales de arte y la vida cotidiana de esta metrópoli fascinante.

Después de que mi esposo concluyera su servicio social en medicina en Zipolite, y una breve estancia de 3 meses en Chiapas, nos trasladamos a la Ciudad de México, donde él asistiría a dos cursos de especialización en una escuela de medicina. Gracias a que su familia contaba con un departamento amueblado en la céntrica Colonia del Valle, nuestra transición fue sencilla y cómoda.

Recuerdo que llegamos un domingo y, sin perder tiempo, salí de inmediato a comprar el periódico para comenzar a buscar trabajo. En 1995, esa era la forma tradicional de encontrar empleo. Ciudad de México en ese entonces, con sus 16 millones de habitantes contaba con una impresionante infraestructura de transporte público. Los autobuses, microbuses, taxis y el metro facilitaban la movilidad, lo que me permitió ampliar mi búsqueda laboral.

Sin conocer bien la ciudad, centré mi búsqueda en trabajos de secretaria o asistente bilingüe cerca de nuestro apartamento o con fácil acceso en transporte público. Para mi sorpresa, en esa misma semana tuve tres entrevistas en empresas internacionales y recibí dos ofertas. Elegí un puesto en **Bank of America**, ubicado en el distrito financiero. Mi función era asistir al vicepresidente de finanzas, un expatriado de Newark, Nueva Jersey. Irónicamente, dieciocho años después, la vida me llevaría a esa misma ciudad para una nueva oportunidad profesional.

Unirme a una empresa tan prestigiosa fue emocionante y rápidamente entablé amistades que perduran. Al principio, mis responsabilidades eran sencillas, por lo que las completaba con rapidez. Con el deseo de involucrarme más, pregunté a mis compañeros cómo podía ayudar o aprender nuevas tareas. Su disposición fue positiva y comencé a colaborar más activamente. Pronto identifiqué formas de agilizar ciertos procesos administrativos y propuse mejoras que fueron bien recibidas.

Un día, mientras hablaba en inglés con mi jefe, un colega me pidió que hiciera una llamada a la oficina de **Bank of America** en Estados Unidos para transmitir un mensaje. Esa llamada desencadenó una serie de solicitudes similares y pronto me encontré realizando numerosas llamadas internacionales, facilitando la comunicación entre distintas áreas y absorbiendo valiosos conocimientos sobre el negocio. Sin darme cuenta, estaba ganando visibilidad y desarrollando nuevas habilidades a través de estas interacciones.

Simultáneamente, me inscribí en el **Centro Mexicano Americano de Relaciones Culturales (CEMARC)** para obtener mi certificado de enseñanza del inglés como segunda lengua (ESL). En este curso semanal de seis horas conocí a una amiga con la que forjé un lazo muy especial. Compartíamos almuerzos, charlas y momentos de introspección. Ella desempeñó un papel importante en mi introducción a la meditación y el autoconocimiento. Aunque con el tiempo perdimos contacto, siempre la recuerdo con cariño por el impacto positivo que tuvo en esa etapa de mi vida.

En esta nueva etapa, encontré a parte de mi **tribu**: colegas que me acogieron cálidamente, me invitaban a almorzar y me acompañaban a casa cuando la lluvia o las protestas políticas complicaban el regreso.

Cuando llegó el momento de partir, mis amigos y compañeros me despidieron con flores, libros y una enorme muestra de cariño que aún atesoro.

EL MODELO PIE EN ACCIÓN

Al reflexionar sobre esta experiencia, me doy cuenta de que, sin saberlo, puse en práctica los principios del **Modelo PIE** (Rendimiento, Imagen y Exposición, por sus siglas en inglés), desarrollado por Harvey Coleman. Más adelante, durante mis estudios de maestría, descubrí este modelo y comprendí cómo había aplicado sus conceptos intuitivamente en mi puesto en Ciudad de México.

- **Rendimiento:** Mi compromiso con la excelencia en cada tarea asignada destacó rápidamente mi disposición para asumir responsabilidades adicionales.
- **Imagen:** La iniciativa para mejorar procesos, sumado a mi actitud colaborativa, contribuyó a

que mis colegas confiaran en mí y reconocieran mi valor.

- **Exposición:** A través de las llamadas internacionales, sin proponérmelo, gané visibilidad dentro de la organización y logré que mi trabajo fuera reconocido más allá de mi entorno inmediato.

El modelo PIE se convirtió en una herramienta esencial que apliqué consistentemente en mis futuras funciones corporativas, especialmente cuando años después me trasladé a Nueva Jersey para integrarme en la industria financiera global.

UN NUEVO CAPÍTULO

Tomar riesgos conscientes ha sido una constante en mi vida, y en 2013 dimos uno de los más grandes: decidimos redefinir por completo el rumbo de nuestra familia y mi carrera. Desarraigar a nuestra familia de cinco miembros, vender nuestra casa en California y aceptar un nuevo puesto en Nueva Jersey no fue tarea fácil. El viaje de costa a costa estuvo lleno de incertidumbre, desafíos y emociones encontradas. Sin embargo, esa transición se convirtió en una de las experiencias más valiosas de mi vida —una historia que te compartiré más adelante.

Como he compartido en una entrevista de radio y reforzado en una presentación internacional titulada *"El arte de tomar riesgos"*, tomar riesgos no significa actuar sin pensar, sino **atreverse a salir de la zona de confort** para crecer, aprender y descubrir nuevas posibilidades. Es un acto de **fe informada**: confiar en que, aunque el camino no esté completamente trazado, tienes las herramientas internas para construirlo paso a paso.

HISTORIA PERSONAL N.º 2: NUEVA JERSEY (2013-2022) – REDES, VISIÓN ESTRATÉGICA Y ALIANZAS

Cuando llegué a Nueva Jersey, me hice una promesa: estar presente de verdad y aceptar con valentía los resultados de tomar acción. Mi objetivo era claro: evitar el auto sabotaje y crear un legado duradero que impulsara el crecimiento hispano en las empresas estadounidenses. Estaba decidida a encontrar mi tribu hispana y latina en la Costa Este.

En mi segundo día en el trabajo, investigué el Grupo de Recursos Empresariales Hispanos de la empresa y me inscribí de inmediato. Seis meses después, fui nominada y seleccionada como **Codirectora** de esta red interna, que en ese entonces contaba con aproximadamente 300 miembros. Mi rol consistía en diseñar una estrategia enfocada en promover el crecimiento y desarrollo del talento hispano, al tiempo que generara impacto en la comunidad y fortaleciera las estrategias de mercado.

Mi codirector era un joven hispano inteligente y entusiasta que vivía en Minneapolis. Juntos diseñamos iniciativas para atraer nuevos miembros, fomentar el sentido de pertenencia y amplificar la voz hispana dentro de la organización. En solo dos años, el grupo creció de 300 a más de 1,000 empleados. Con ese éxito alcanzado, decidí dar un paso atrás para crear espacio para que otros líderes emergieran y asumieran un rol activo dentro del grupo.

Como compartí en mi discurso de apertura titulado *"Cómo pasar de ser invisible a imparable"*, identifiqué una oportunidad clave: **amplificar nuestro impacto más allá de la organización**. Fue entonces cuando desarrollé un nuevo rol estratégico que hasta ese momento no existía: el de **Oficial de Iniciativas Hispanas**. Desde esa posición, me dediqué a construir alianzas externas con organizaciones comunitarias, asociaciones profesionales y aliados estratégicos, elevando la visibilidad del grupo y expandiendo nuestro alcance a nivel nacional.

Crear espacios que antes no existían también es una forma poderosa de liderazgo. A veces, no se trata solo de abrir puertas... sino de atreverse a construirlas.

CONSTRUYENDO UN LEGADO DE REDES Y ALIANZAS

Quiero destacar cuatro colaboraciones clave que desempeñaron un papel fundamental en mi misión de generar impacto estratégico dentro y fuera de la organización. Cada una de ellas nació de una intención clara: **tomar acción desde el liderazgo y construir oportunidades que antes no existían**.

1. Hispanics Inspiring Student's Performance and Achievement (HISPA)

HISPA (Hispanos Inspirando el Rendimiento y el Logro Estudiantil) es una organización sin fines de lucro dedicada a llevar modelos a seguir a las escuelas, para que los estudiantes hispanos puedan verse reflejados en figuras profesionales de éxito. Como voluntaria de

HISPA, visité escuelas intermedias en Nueva Jersey para compartir mi historia en inglés y español. Fue una experiencia transformadora ver cómo las preguntas sinceras de los estudiantes reflejaban sus miedos, aspiraciones y esperanza.

Al identificar una oportunidad de ampliar el impacto, propuse integrar a los miembros de nuestro grupo de recursos empresariales como voluntarios. La respuesta fue extraordinaria: los empleados se sintieron profundamente motivados al contribuir a su comunidad, mientras los estudiantes se inspiraban al ver posibilidades reflejadas en quienes compartían su origen.

Ese primer año fue un éxito rotundo, con decenas de empleados inscritos como modelos a seguir. Además, conseguí el respaldo de un patrocinador ejecutivo para organizar una visita corporativa, donde los estudiantes tuvieron la oportunidad de visitar nuestras oficinas, interactuar con profesionales y visualizarse en un futuro prometedor.

Hasta el día de hoy, sigo colaborando con HISPA como miembro de su consejo en el sur de Florida, comprometida con su misión de inspirar a la próxima generación.

2. The Red Shoe Movement

The Red Shoe Movement es una comunidad global enfocada en el desarrollo del liderazgo femenino y en aumentar la representación de mujeres en posiciones de decisión. Desde el primer momento, su enfoque me inspiró, especialmente su metodología de **Círculos de Mentoría Mutua**.

Durante su conferencia anual, escribí dos metas personales: convertirme en vicepresidenta y jefa de personal, y llevar los círculos de mentoría a nuestra organización. Dos años después, ambas metas se habían cumplido.

Liderar esta implementación no fue fácil. El modelo era innovador y requería aceptación institucional. Junto a nuestra patrocinadora ejecutiva —una destacada líder latina a quien admiro profundamente— desarrollamos una propuesta respaldada por datos sólidos y visión de impacto. Gracias a su respaldo, el proyecto fue aprobado.

Formé un comité de líderes, me certifiqué como facilitadora, desarrollé encuestas para medir impacto e implementamos métricas de seguimiento trimestrales. Compartimos los avances en redes sociales, lo que generó entusiasmo en toda la empresa. Pronto, ejecutivos de alto nivel comenzaron a liderar sus propios círculos, y el modelo se expandió más allá de Estados Unidos.

El impacto fue tan significativo que tuve la oportunidad de presentar la metodología en Brasil, y más adelante fui invitada como oradora principal por la Oficina de Inversiones de México en 2020 —a tan solo unas cuadras del lugar donde años atrás había comenzado como asistente bilingüe en Bank of America.

Hoy, continúo participando activamente en *The Red Shoe Movement* y en su ceremonia anual *"Tocar la Campana en los 7 Mares"*, que impulsa la igualdad de género y el liderazgo femenino a nivel global.

3. Fundación We Are All Human & Hispanic Star

Como una de las 25 miembros fundadoras de la alianza ***Hispanic Star*** —una iniciativa global impulsada por la Fundación *We Are All Human*— contribuí desde el principio con la visión de **unir, empoderar y visibilizar a la comunidad hispana** para acelerar su progreso económico, social y educativo.

Participé en varias cumbres de liderazgo hispano en las Naciones Unidas y colaboré activamente en el desarrollo del **Marco de Ejecución de la Promesa Hispana (*Hispanic Promise*)**, un compromiso corporativo que promueve la representación, el desarrollo profesional y el bienestar de los hispanos en el ámbito laboral.

Entre los logros más emblemáticos se encuentra el reconocimiento público de 65 líderes hispanos en una valla de Times Square, así como la facilitación de acceso gratuito a recursos financieros para miles de familias hispanas.

Y cuando llegué a Tampa, no esperé una invitación ni me sumé a una iniciativa ya existente: **desde el primer día decidí liderar el Centro Hispanic Star de Tampa**, con la firme intención de fortalecer nuestra comunidad a través del trabajo colaborativo y el poder de la unidad.

4. Today's Inspired Latina & Young Latina Talks

Mi participación como coautora en *Today's Inspired Latina Vol. 5* fue profundamente significativa. Este proyecto reunió a 25 autoras comprometidas con inspirar a otras a través de sus historias de vida. Compartir nuestras voces en escenarios como el New York Times y Estée Lauder fue un hito que reafirmó el poder de la narrativa auténtica.

Impulsada por esa experiencia, asumí el cargo de **Directora Nacional de Young Latina Talks**, un programa diseñado para brindar a jóvenes latinas una plataforma donde compartir sus historias de resiliencia y transformación.

En plena pandemia, llevé el programa al área triestatal de Nueva York, Nueva Jersey y Connecticut, y más adelante a Cicero, Illinois. Conseguí patrocinadores clave y trabajé con una talentosa coach de oratoria para preparar a doce jóvenes latinas. Ver cómo descubrían su voz, su confianza y su comunidad fue una de las experiencias más gratificantes de mi carrera.

UN LEGADO QUE MULTIPLICA EL IMPACTO

Estas iniciativas reflejan más que colaboraciones. Reflejan una visión sostenida en el tiempo: **construir redes con propósito, abrir puertas para otros y crear espacios donde no los había**.

No se trata de conexiones superficiales, sino de cultivar relaciones auténticas y alianzas estratégicas que generen transformación colectiva.

Cada paso que di —ya fuera a través de *HISPA, The Red Shoe Movement, Hispanic Star o Young Latina Talks*— fue impulsado por una intención clara: **dejar un legado que inspire, fortalezca y transforme**.

Nunca imaginé que mi labor en la comunidad me llevaría a recibir una nominación directa del Gobernador de Nueva Jersey para formar parte del comité asesor del *Center for Hispanic Policy, Research and Development* (**CHPRD**), una entidad estatal fundada en 1975 con la misión de atender las necesidades de las comunidades hispanas históricamente marginadas mediante el financiamiento y fortalecimiento de organizaciones locales. Este honor no solo validó años de trabajo en pro del desarrollo de organizaciones hispanas, sino que también reafirmó la importancia de servir con intención y con una visión de impacto sostenible a largo plazo.

Mi promesa inicial de "estar presente y tomar acción" fue más que un lema: fue una brújula que me permitió sembrar impacto donde antes no había camino.

HISTORIA PERSONAL N.° 3: EL IMPACTO DE LOS MENTORES Y PATROCINADORES

En las historias anteriores, destaqué el papel crucial que juegan los patrocinadores ejecutivos en la creación de oportunidades y en el logro del éxito. Los patrocinadores no solo abren puertas, sino que también allanan el camino eliminando obstáculos y facilitando los recursos necesarios para avanzar en nuestras metas. Sin embargo, para aprovechar plenamente su apoyo, es fundamental presentar una propuesta clara con resultados definidos. Saber **qué** se necesita y **cómo** se puede lograr es clave para que un patrocinador pueda respaldar eficazmente tus objetivos. Esta práctica refuerza la lección del Capítulo 1: tener claridad en nuestra estrella polar es crucial para navegar con éxito cualquier camino.

La Trilogía del Apoyo

Me gustaría compartir tres ejemplos que ilustran el impacto profundo que han tenido una mentora, un patrocinador y una líder excepcional en mi vida profesional. Cada uno desempeñó un papel clave en la realización de mis aspiraciones y en la construcción de mi legado profesional.

1. Mi Mentora: Abriendo el camino internacional

En 2015, mientras consolidaba mi rol en Nueva Jersey como codirectora del Grupo de Recursos Hispanos, establecí un nuevo objetivo profesional: trabajar en el área internacional con un enfoque en América Latina. Compartí esta meta con mi mentora, quien me ofreció una perspectiva invaluable: me sugirió acercarme al patrocinador ejecutivo del grupo, un líder global con responsabilidades internacionales, ya que él podría orientarme en mi búsqueda.

Poco después, se abrió una vacante alineada con mi meta. Mi mentora me animó a postularme, y el patrocinador, basándose en mi trabajo en diversidad, equidad e inclusión (DEI), habló favorablemente de mí. Su recomendación fue clave para obtener el puesto.

Este episodio ejemplifica el modelo **PIE** en acción. La exposición que obtuve a través de mi trabajo en DEI fue el puente que conectó mis esfuerzos con esta nueva oportunidad internacional.

Fue en esta etapa donde conocí a Alejandro, con quien colaboré en proyectos del Área de Cumplimiento en México. Su apertura a la conversación y su capacidad de conectar generaron una amistad que perdura hasta hoy, y que ha evolucionado hasta el punto de que hoy tengo el honor de contar con él como editor de la versión final en español de *De Sueños a Destino*.

2. Mi Patrocinador: Un proyecto en Brasil que cambió mi carrera

Dos años después de obtener el puesto en el Área de Cumplimiento Internacional, fui seleccionada para participar en un programa piloto de coaching neurocientífico, que emparejaba ejecutivos senior con líderes emergentes.

Durante mi entrevista con la Oficina de Desarrollo de Talento, respondí profesionalmente usando mi *elevator pitch* —una presentación breve que resume quién eres, qué haces y qué puedes aportar— destacando mis logros y aspiraciones. Sin embargo, al final decidí ser completamente honesta y compartir mi verdadera meta: trabajar en Operaciones Internacionales.

Mi sinceridad fue clave. La especialista de Recursos Humanos no solo valoró mi franqueza, sino que abogó por mí. Poco después, me emparejaron con el Vicepresidente Regional de Operaciones

Internacionales para Europa y América Latina. Este patrocinador se convirtió en una figura determinante para mi desarrollo. Durante los siguientes 12 meses, se involucró activamente en mi crecimiento, ayudándome a identificar y superar barreras mentales que yo misma había creado. Incluso solicitó a mi jefe que me asignara entre un 30% y 40% de tiempo a un proyecto especial en Brasil.

Así se materializó una meta que había estado en mi tablero de visión durante años: trabajar directamente en un proyecto en Brasil. El día que visité la oficina de Río de Janeiro fue uno de los más memorables de mi carrera.

Esta experiencia confirmó lo importante que es tener objetivos claros, construir relaciones auténticas y estar dispuesta a correr riesgos calculados para alcanzar nuevas alturas.

3. Una aliada estratégica: Una relación de 25 años

De todas mis conexiones profesionales, hay una relación que sobresale por su profundidad e impacto a largo plazo. A lo largo de 25 años, he tenido el privilegio de contar con el apoyo y guía de una líder generosa, inteligente y comprometida con la excelencia. Esta aliada estratégica —que comenzó siendo mi jefa— ha sido una figura clave tanto en mi desarrollo profesional como en mi vida personal.

Al inicio, su estilo de liderazgo era directivo y detallado, guiándome paso a paso. Con el tiempo, nuestra relación evolucionó hacia una más orientadora, en la que me dio espacio para tomar decisiones estratégicas y asumir desafíos por mi cuenta. Gracias a su confianza, me sentí capacitada para explorar nuevas oportunidades, superar inseguridades y expandir los límites de mi carrera.

Esta relación no solo influyó en mi trayectoria profesional; también dejó una huella profunda en mi vida familiar. Su apoyo incondicional fue determinante para superar momentos de vulnerabilidad y lograr algunos de mis mayores logros.

Es un ejemplo perfecto del poder que tiene un liderazgo comprometido cuando se invierte de manera genuina en el potencial de otros.

EL PODER DE UNA RED DE APOYO

La cadena de eventos que ha dado forma a mi carrera pone de manifiesto el impacto extraordinario que tienen las redes de apoyo bien establecidas. Cada relación significativa, ya sea con mentores, patrocinadores o líderes colaboradores, se construyó sobre la base de la confianza, el respeto mutuo y los valores compartidos. Estas conexiones no solo crearon oportunidades, sino que también ayudaron a acelerar mi desarrollo profesional.

Mi red de apoyo: Cuatro grupos clave

Divido mi red de apoyo en cuatro grupos principales:

1. **Familiares y amigos cercanos:**

- Estas son las personas que brindan apoyo emocional y actúan como nuestro "Consejo de Administración Personal". Nos desafían, nos escuchan y nos ayudan a evaluar nuestras decisiones desde diferentes perspectivas.

2. **Apoyo local y comunidad:**

- Esta red incluye a personas que conocemos a través de las actividades de nuestra familia, asociaciones deportivas, grupos de voluntariado y vecinos. Fomentar estos lazos crea un sentido de pertenencia y bienestar en nuestra vida cotidiana.

3. **Red profesional:**

- Este grupo está formado por colegas, líderes y colaboradores dentro del ámbito laboral. Escuchar sus objetivos e identificar formas de apoyarlos genera relaciones de confianza y respeto mutuo.

4. **Alianzas estratégicas de nuestra red de contactos ("*Networking*"):**

- Estas conexiones incluyen ejecutivos y líderes que no solo creen en nuestra visión, sino que están dispuestos a respaldarnos y abrirnos puertas. Este tipo de relaciones son cruciales para alcanzar metas ambiciosas.

EL VALOR DE LAS RELACIONES GENUINAS

El *Networking* no se trata solo de intercambiar tarjetas de presentación o acumular contactos en redes sociales. Se trata de construir relaciones auténticas basadas en la confianza y en objetivos comunes. Para ello es esencial tener claro nuestro propósito y mantener nuestra marca personal coherente.

En el material *De Sueños a Destino: Diario de transformación,* hay una sección específica dedicada a evaluar tu red de apoyo. Allí podrás identificar las áreas donde puedes fortalecer tus relaciones, así como las personas que podrían ayudarte a alcanzar tus metas.

REFLEXIÓN FINAL

Cuando reflexiono sobre mi trayectoria profesional me doy cuenta de que alcanzar el éxito no fue un viaje solitario. El apoyo de mentores, patrocinadores y colaboradores ha sido clave para lograr mis aspiraciones. Cada uno de ellos, en distintos momentos de mi vida, me ayudó a avanzar brindándome no solo oportunidades, sino también la confianza y la motivación para continuar.

Tener una red de apoyo sólida es fundamental para crecer y alcanzar nuestros objetivos. La clave está en identificar quiénes son esas personas en tu vida y cómo puedes seguir fortaleciendo esas conexiones.

¿Quién ha sido tu mentor, patrocinador o colaborador clave?

¿Cómo puedes seguir ampliando tu red para acercarte a tus metas?

PON EN PRÁCTICA LOS CONCEPTOS: ACCIONES QUE TRANSFORMAN SUEÑOS EN REALIDAD

Este capítulo ha sido una invitación a explorar cómo herramientas clave como el **Modelo PIE**, el **Discurso de Elevador**, la **Evaluación de Red** y **El Arte de**

Tomar Riesgos pueden convertirse en catalizadores reales en tu camino hacia el éxito.

Ahora te invito a pasar de la reflexión a la acción con ejercicios prácticos diseñados para ayudarte a aprovechar al máximo tu potencial.

El Poder del Modelo PIE

En su libro *Empower Yourself: The Organizational Game Revealed*, Harvey J. Coleman presentó el poderoso **Modelo PIE**, que plantea que el éxito profesional no depende únicamente del desempeño, sino también de cómo te perciben los demás y cuánta visibilidad tienes.

Fuente: Coleman, Harvey J. Empower Yourself. AuthorHouse, 2010.

Desglose del Modelo PIE

1. **Performance (Desempeño) - 10%**

   Hacer bien tu trabajo es importante, pero representa solo una parte del éxito.

2. **Image (Imagen) - 30%**

   La forma en que los demás te perciben. ¿Te ven como una persona positiva, profesional y que aporta soluciones?

3. **Exposure (Exposición) - 60%**

   ¿Quién sabe lo que haces? ¿Tu jefe conoce tus logros? ¿Personas fuera de tu área reconocen tu impacto?

Ejercicio práctico

- Haz una lista de tus logros profesionales más importantes.
- Reflexiona: ¿Estás comunicando efectivamente ese valor?
- Identifica 2-3 formas en que podrías **aumentar tu visibilidad** dentro y fuera de tu organización.

Domina tu Discurso de Elevador (elevator pitch)

Tener un discurso de elevador bien preparado te permite **aprovechar momentos clave** para presentarte con claridad, proyectar confianza y abrir puertas.

Pasos para crear tu discurso

1. **Escribe tu presentación**: Nombre, experiencia clave, y qué buscas o necesitas.
2. **Practícalo con confianza**: Ensáyalo frente al espejo o con alguien de confianza.
3. **Ponlo a prueba**: Úsalo en una reunión, *networking* o situación casual.

Ejercicio práctico

- Escribe tu *elevator pitch* de máximo 30 segundos.
- Practícalo hasta poder decirlo con naturalidad.
- Aplícalo esta semana en una conversación real y observa la respuesta.

Fortalece tu Red de Contactos

Tu éxito no depende solo de lo que sabes, sino de **a quién conoces y quién te conoce a ti**. Una red sólida te abre oportunidades, te da apoyo y perspectiva.

Cómo evaluar tu red

1. **Haz un inventario**: Enumera tus contactos (familia, colegas, mentores, aliados estratégicos).
2. **Detecta vacíos**: ¿Tienes conexiones en las áreas que te interesan? ¿Falta diversidad de sectores o niveles?
3. **Expándela con intención**: Participa en eventos, únete a grupos o conecta con nuevos contactos estratégicos.

Ejercicio práctico

- Crea una lista de contactos en cuatro categorías: personal, profesional, mentoría y alianzas.
- Identifica qué tipo de relaciones te faltan fortalecer.
- Comprométete a contactar **al menos a tres nuevas personas** en las próximas semanas.

El Arte de Tomar Riesgos para Avanzar

Los grandes logros comienzan cuando nos atrevemos a salir de nuestra zona de confort. **Tomar riesgos calculados** es una habilidad que se puede cultivar.

¿Por qué tomar riesgos?

- **Crecimiento personal**: Descubres habilidades que no sabías que tenías.
- **Nuevas oportunidades**: Muchas veces están justo detrás del miedo.
- **Superación de límites**: Avanzas hacia metas antes impensables.

Ejercicio práctico

- Escribe tres decisiones arriesgadas que hayas tomado y qué aprendiste de ellas.
- Identifica una situación actual en la que te estás conteniendo por miedo.
- Crea un pequeño **plan de acción** para dar ese primer paso con intención y preparación.

REFLEXIÓN FINAL: ATRÉVETE A BRILLAR

El éxito no se trata solo de trabajar duro. También se trata de **ser visible, construir relaciones intencionales y actuar con valentía**. El Modelo PIE te enseña que la exposición y la imagen son tan importantes como el rendimiento. Tener un discurso claro te prepara para cada oportunidad. Y fortalecer tu red y tomar riesgos te abre puertas hacia tus metas más ambiciosas.

Recuerda: **no estás solo en este camino**. Como mencioné en *Today's Inspired Latina* y al principio de este libro:

"Rodéate de aquellos que creen en la belleza de tus sueños."

Al crear alianzas significativas y construir una red auténtica, te estás preparando para convertir tus sueños en realidad.

CAPÍTULO 8

DEJA IR

Liberación y Renovación

Al llegar al final de este libro una profunda gratitud inunda mi corazón. La vida me ha presentado desafíos inesperados, momentos de dudas y obstáculos que parecían insuperables. Sin embargo, también me ha brindado la oportunidad de cambiar el rumbo, adaptarme a las circunstancias y sobre todo, tomar riesgos que no solo han moldeado mi propio destino, sino también el de mi familia.

A veces desearía poder retroceder en el tiempo, volver a mis treintas, pero con la sabiduría que tengo hoy. No para evitar errores, sino para navegar con mayor confianza, con la certeza de que cada desafío contiene una lección valiosa. El propósito principal de este libro es compartir ese mensaje con las generaciones más jóvenes, y con cualquiera que busque reinventarse, porque *nunca es demasiado tarde para empezar de nuevo o cambiar de rumbo.* Nos debemos perseguir nuestros sueños sin importar qué tan lejanos parezcan estar.

Este capítulo trata de algo poderoso: **aprender a confiar en el camino**, incluso cuando la vida parece caótica o fuera de control.

Permíteme compartirte tres historias personales que para mí, son prueba viva de que a veces las cosas no salen como planeamos... porque están destinadas a salir mejor.

CUANDO PERDIMOS UNA CASA, EL UNIVERSO TENÍA UNA MEJOR.

En 2013 nuestra familia emprendió una nueva aventura al mudarnos de California a Nueva Jersey para aprovechar una gran oportunidad profesional en una empresa financiera internacional. Durante el proceso de entrevistas y negociación del contrato, mi esposo y yo decidimos visitar Nueva Jersey para explorar posibles lugares para vivir.

Queríamos encontrar el hogar perfecto para nuestra familia. Una casa en una ciudad con buenas escuelas, baja tasa de criminalidad y, por supuesto, cerca de mi nueva oficina. Finalmente, encontramos una encantadora casa en Montville, un suburbio tranquilo y acogedor cerca de Newark. Tenía espacio para que los niños crecieran, un hermoso jardín, piscina y todo lo que necesitábamos para comenzar nuestra nueva vida.

La oferta fue aceptada y, mientras viajábamos de California a Nueva Jersey, decidimos no mostrarles fotos de la casa a nuestros hijos. Queríamos sorprenderlos con un emotivo "¡Sorpresa, bienvenidos a su nueva casa!".

Pero la sorpresa que nos esperaba fue muy distinta. Durante la inspección final de la propiedad descubrimos que algo no estaba bien. Los daños que antes eran mínimos ahora eran graves. La lavadora, la secadora y el refrigerador de marcas de primera calidad que eran ofrecidas en la compra habían sido reemplazadas por versiones más viejas y desgastadas. La decepción fue abrumadora. No podíamos aceptar esa propiedad, lo que nos dejó varados en una ciudad desconocida, sin una dirección fija ni un plan claro.

LECCIONES DESDE UN HOTEL Y LA MAGIA DE SOLTAR EL CONTROL

Estábamos sin casa, sin dirección permanente y sin un lugar donde establecer nuestra nueva vida. No podíamos obtener licencias de conducir, abrir un apartado postal ni inscribir a los niños en la escuela. Lo que comenzó como un paso emocionante hacia una nueva etapa, de repente se convirtió en una prueba de paciencia y fe.

Una mujer del distrito escolar se preocupó por nuestra situación y, con mucha amabilidad, encontró la manera de que nuestros hijos pudieran comenzar sus clases a tiempo. Fue un gesto que jamás olvidaré. Ella no solo resolvió un problema logístico; nos devolvió la esperanza cuando más la necesitábamos.

Durante dos largos meses, nos quedamos en un pequeño hotel que aceptaba mascotas. ¿Era incómodo? Claro. ¿Frustrante? Sin duda. Pero con el tiempo, esa experiencia se transformó en una lección poderosa sobre la importancia de **soltar el control** y dejarnos llevar.

En lugar de quejarme, decidí encontrar alegría en esos días. Aproveché no tener que cocinar ni limpiar, disfruté cada desayuno gratuito como un pequeño lujo inesperado, y observé con gratitud cómo nuestros hijos reían y se divertían en la piscina del hotel, como si el mundo estuviera en perfecto orden.

También compramos ropa nueva, zapatos y mochilas para ellos, ya que todas nuestras pertenencias estaban guardadas en un almacén en Baltimore. Para algunos, nuestra situación podría haber parecido caótica y desesperanzadora, pero para mí fue un recordatorio de que, cuando confiamos, todo termina encajando.

LA CASA QUE EL UNIVERSO HABÍA RESERVADO PARA NOSOTROS

Confiar no fue fácil, pero resultó ser la mejor decisión. Al no poder visitar personalmente las casas ya que estaba comenzando un nuevo trabajo, dejé que mi esposo y nuestra agente inmobiliaria se encargaran de encontrar nuestro nuevo hogar. Confié plenamente en su buen juicio.

Unas semanas después, seleccionaron dos opciones finales. Mi esposo eligió la que consideró la mejor. Cuando finalmente entré en esa casa supe que había sido la decisión correcta.

Era más grande, más moderna y mucho mejor de lo que jamás habría imaginado. Cada rincón parecía hecho para nuestra familia.

Aquella casa que perdimos ahora parecía un simple obstáculo en el camino hacia algo mucho mejor.

La casa que finalmente compramos no solo se convirtió en nuestro refugio, sino que nos brindó seguridad y comodidad durante la pandemia de 2020. Allí mis hijos tuvieron el espacio para estudiar y jugar y nosotros tuvimos la calma que necesitábamos para enfrentar tiempos inciertos. Incluso creamos un sitio especial en el sótano donde pude organizar un sinfín de talleres y seguir sirviendo a la comunidad.

Mirando hacia atrás estoy convencida de que aquella casa estaba destinada a ser nuestra. No fue coincidencia. Fue el resultado de confiar, de soltar el control y permitir que las cosas fluyeran como debían.

DEJAR IR PARA AVANZAR

A veces, cuando la vida parece estancarse, cuando nuestros planes se desmoronan o las circunstancias no salen como esperábamos, sentimos que hemos fracasado. Sin embargo, son esos momentos cuando debemos recordar que el Universo o la vida misma, pueden estar preparando algo mucho mejor de lo que imaginamos.

La clave está en **soltar el control**, en confiar en que los momentos difíciles también forman parte del plan. A veces esas puertas que se cierran están protegiéndonos de caminos que no estaban alineados con nuestro propósito.

Mientras escribo estas palabras, miro hacia atrás y reconozco que cada tropiezo en realidad fue un paso firme hacia algo mejor. Perder esa casa, quedarme sin dirección y vivir en un pequeño hotel no fue una pausa en mi vida; sino que la preparación para recibir algo mucho mejor y más gratificante.

La vida siempre nos lleva a donde realmente debemos estar, solo debemos aprender a confiar.

EL SALTO DE FE QUE CAMBIÓ NUESTRO DESTINO

Nueve años después de nuestra gran mudanza a Nueva Jersey nos vimos nuevamente en una encrucijada igual de dramática, esta vez con la mira puesta en Florida. Desde 2018 habíamos estado contemplando mudarnos allí por dos razones poderosas: explorar el estado como un posible lugar de jubilación y, al mismo tiempo, reducir nuestros gastos para poder financiar por completo las licenciaturas de nuestros tres hijos.

Las visitas a Florida se volvieron parte de nuestra rutina. Viajamos varias veces para explorar zonas del sur y el noreste del Estado, pero fue durante nuestras vacaciones de primavera en el 2022 cuando todo encajó. Tampa se sintió perfecta. No solo contaba con una vibrante economía, su Producto Interno Bruto (PIB) había crecido un 4.9 % en 2022, sino que también ofrecía estabilidad climática sin haber sido golpeada por un huracán importante desde 1921.

Además, la Universidad del Sur de Florida con sus importantes inversiones y oportunidades académicas, se convirtió en un factor clave en nuestra decisión. Todo parecía apuntar a que la Bahía de Tampa sería nuestro nuevo hogar.

LA CARRERA CONTRA EL RELOJ

El mercado inmobiliario de 2022 estaba en plena ebullición. Las casas se vendían en cuestión de días y, según la Oficina del Censo de los Estados Unidos, 319,000 personas se habían mudado a Florida ese año, convirtiéndolo en el Estado de más rápido crecimiento desde 1957. Las tasas de interés estaban a punto de subir, así que la presión era intensa. Las casas que nos interesaban requerían ofertas por encima del precio solicitado y el inventario era escaso.

La búsqueda fue frenética. Mi esposo pasó incontables horas revisando propiedades en línea, intentando encontrar el lugar ideal para nuestra familia. Finalmente, encontramos una casa que cumplía con nuestros requisitos, entre ellos, la cercanía con escuelas de categoría A; espacio para una oficina y áreas recreativas para nuestros hijos. Pero había un detalle importante... **jamás la vimos en persona.**

Imagina esto: **hicimos la oferta por teléfono** y negociamos los términos desde Nueva Jersey confiando únicamente en fotos y videos. Fue un acto de fe. Una decisión llena de incertidumbre, pero impulsada por la confianza de que estábamos siguiendo el camino correcto.

EL VUELO CANCELADO Y LA INSPECCIÓN VIRTUAL

Mientras tanto, nuestra casa en Nueva Jersey ya estaba en el mercado y ambas transacciones avanzaban rápidamente. El día que estaba programada la inspección final de la casa en Florida, mi esposo debía volar para estar presente, pero el destino tenía otros planes. Su vuelo fue cancelado y la siguiente opción no estaría disponible hasta la noche. No había forma de que llegara a tiempo.

En ese momento, nos enfrentamos a una difícil decisión: ¿confiar en que la casa era realmente lo que parecía o arriesgarnos a perder la oportunidad? Optamos por confiar. Con la ayuda de la tecnología, solicitamos al inspector que realizara un recorrido virtual en vivo. A través de la pantalla, mi esposo fue guiado por cada rincón de la casa. Todo parecía estar en perfecto estado. Nos aferramos a esa sensación de que, aunque no habíamos estado físicamente allí, **esa casa estaba destinada a ser nuestra.**

UNA BIENVENIDA CON OBSTÁCULOS

La mudanza fue un desafío monumental. Dejamos Nueva Jersey a mediados de julio, justo después de que los niños terminaran la escuela, y pasamos algunas semanas en Orlando, quedándonos en un tiempo compartido que habíamos reservado. Una vez más, aunque por un corto tiempo estábamos sin dirección fija.

Finalmente, cuando por fin tomamos posesión de nuestra nueva casa en Tampa, nos enfrentamos a una nueva sorpresa: **la mayoría de nuestras pertenencias habían sido dañadas durante la mudanza.**

Ropa, muebles, decoraciones y gran parte de lo que había conformado nuestro hogar estaba roto, perdido o inutilizable. El dolor de ver nuestras pertenencias destruidas fue profundo. Fue como si parte de nuestra vida anterior se hubiera esfumado, pero en medio de esa frustración decidí que no permitiría que esos objetos dañados definieran nuestra nueva etapa.

Me recordé a mí misma que esos eran solo "cosas". Lo que realmente importaba era que estábamos juntos, sanos y listos para escribir un nuevo capítulo en nuestras vidas. Me comprometí a cambiar mi perspectiva y comencé a practicar la gratitud de manera más intencional.

EL PODER DE ACEPTAR LO QUE NO PODEMOS CONTROLAR

En lugar de aferrarme a la rabia por las cosas perdidas, decidí enfocarme en lo que sí teníamos. Comencé a dar largos paseos matutinos por la exuberante naturaleza de Florida, donde el canto de los pájaros y la brisa cálida me recordaban que esta nueva etapa tenía mucho que ofrecer. Escribí en mi diario cada mañana, practicando la gratitud por nuestro nuevo hogar, por el nuevo trabajo que había encontrado y por esta oportunidad de comenzar de nuevo.

Poco a poco nuestros hijos se adaptaron. Los inscribimos en equipos de fútbol y natación y pronto estaban sumergidos en sus nuevas rutinas escolares.

Nuestro hijo mayor, se trasladó de Nueva Jersey para comenzar sus estudios en la Universidad del Sur de Florida y se mudó a un departamento universitario poco después.

Reconstruir nuestro hogar fue complicado: tratar con la empresa de mudanzas, reemplazar artículos dañados y al mismo tiempo, ayudar a nuestros hijos a encontrar su lugar en una comunidad nueva fue agotador.

Con cada obstáculo recordé la lección más importante que había aprendido en este viaje: **las cosas siempre se acomodan cuando dejamos de resistir y confiamos en el proceso.**

UNA NUEVA VIDA, UNA NUEVA PERSPECTIVA

Después de casi dos años viviendo en Tampa, puedo decir con absoluta certeza que tomamos la decisión correcta. Nuestros hijos han prosperado: uno se ha graduado de la universidad, otro de la preparatoria, y el más joven fue aceptado en un exigente programa de *International Baccalaureate*[1]. Además, descubrió una nueva pasión por el fútbol americano y, contra todo pronóstico, fue nombrado **pateador del equipo Varsity**[2] de su preparatoria, quedando como el número dos del condado, a pesar de nunca haber practicado ese deporte antes. Él es un vivo ejemplo de perseverancia que me inspira cada día.

Hoy, miro a mi alrededor y veo más que paredes y muebles nuevos. Veo el fruto de la confianza y la fe en que, incluso cuando las cosas no salen como esperábamos, la vida nos guía exactamente hacia donde debemos estar.

Aceptar el presente, en lugar de resistirme o desear que las cosas fueran diferentes, me ha enseñado que la verdadera paz nace cuando dejamos de pelear contra la realidad y comenzamos a abrazarla.

La vida está llena de capítulos que no siempre podemos escribir a nuestro antojo, pero si aprendemos a confiar en que incluso los desvíos tienen un propósito, descubriremos que lo inesperado muchas veces nos lleva exactamente adonde estamos destinados a estar.

[1] *International Baccalaureate (IB)*: Programa educativo internacional riguroso y reconocido globalmente que fomenta el pensamiento crítico, la investigación académica y una visión global.
[2] *Equipo Varsity*: En el sistema escolar de EE. UU., es el equipo principal

de competencia en una disciplina deportiva, conformado por los estudiantes más destacados.

Hoy, desde la comodidad de nuestro hogar en Florida, mientras mis hijos avanzan en sus caminos y este libro —que alguna vez fue solo un sueño— se convierte en realidad, sé que cada paso valió la pena.

A veces, perder lo que creías que querías es solo el primer paso para recibir algo mucho mejor de lo que jamás imaginaste.

UN CAMINO DE SOBREVIVENCIA Y ESPERANZA: HISTORIAS REALES DE FE, RESILIENCIA Y TRANSFORMACIÓN

Esta no es solo una historia inspiradora sino que es una vivencia que me confrontó con el miedo, la incertidumbre y el dolor; que me mostró la fuerza que habita en mí y el poder de confiar en que todo sucede por una razón.

A principios de 2021, durante mi revisión médica anual, una mamografía reveló resultados anormales. Lo que comenzó como una cita rutinaria se convirtió en una serie de conversaciones difíciles con médicos y especialistas. El diagnóstico era claro: había células malignas en mi cuerpo. Inmediatamente me asignaron un orientador de cáncer de mama, quien con gran compasión me explicó los siguientes pasos.

A pesar del impacto de la noticia, me encontré sorprendentemente tranquila. Mi experiencia en la industria de seguros de discapacidad me había proporcionado un entendimiento básico del proceso médico, pero nada podía prepararme para la realidad emocional que enfrentaría. Aun así, mi compromiso con la medicina preventiva me brindó la confianza de que había hecho lo correcto al seguir mis revisiones rutinarias.

Me recuerdo sentada en silencio tras recibir la noticia, reflexionando sobre mi vida. Pensé en mis hijos, en mi esposo, en mis logros profesionales y en las personas cuyas vidas había impactado. Si este era el final, sentí que podía partir con la tranquilidad de haber cumplido mi propósito, pero al mismo tiempo no podía ignorar el nudo en mi garganta al imaginarme dejando atrás a quienes más amaba.

DEL CONTROL A LA RENDICIÓN

Mientras aún me encontraba en recuperación de mi primera cirugía en mayo de 2021, se presentó una oportunidad profesional que había estado esperando durante años: el puesto de Vicepresidenta y Jefa de Personal. No lo dudé y, pese a mi delicada condición, me armé de valor y apliqué. En junio de 2021, exactamente veintiún años después de haber iniciado mi carrera corporativa, y tras una serie rigurosa de entrevistas, logré obtener el puesto.

¡Wow! Finalmente había llegado al nivel de Vicepresidencia. ¡Una meta más cumplida!

Este nuevo rol demandaba todo mi enfoque, mi energía mental y mi capacidad de liderazgo. Me esforcé por rendir al máximo mientras continuaba recuperándome, pero pronto la realidad me golpeó. En octubre de 2021, una segunda cirugía y el inicio de un tratamiento más extenso comenzaron a pasarme factura. Mi cuerpo y mi mente se rebelaron. Me sentía agotada, ansiosa y completamente abrumada.

El estrés, el cansancio físico y la presión acumulada se volvieron insostenibles. Y por primera vez en mi vida, me sentí derrotada.

Yo, una mujer de **personalidad tipo A** —perfeccionista, ambiciosa, hiper-responsable y acostumbrada a tomar el control de todo—, me encontraba incapaz de gestionar incluso las tareas más sencillas. Para alguien como yo, eso no era solo frustrante; se sentía como un fracaso.

Pero en medio de esa aparente debilidad, comenzó a surgir una nueva fuerza. Porque a veces, cuando todo parece desmoronarse, lo que realmente está ocurriendo es una reconstrucción desde adentro. Y ese fue el comienzo de una transformación mucho más profunda de la que jamás imaginé.

EL PODER DE PEDIR AYUDA

Fue entonces cuando tomé una decisión crucial: dejar de lado el orgullo y pedir ayuda. En un momento de vulnerabilidad, me abrí con mi esposo. Entre lágrimas, le confesé que no podía más. Su respuesta fue clara: *"No te preocupes, yo me hago cargo de todo, tú solo dedícate a recuperarte."*

Con el apoyo de mi esposo, mi familia y un terapeuta en línea, comencé a priorizar mi bienestar. Durante dos meses, me permití soltar el control. Dejé las tareas del hogar, las responsabilidades adicionales y me centré únicamente en dos cosas: mi salud y mi trabajo. No me había permitido procesar la angustia emocional que el diagnóstico había traído consigo. No me había dado el espacio para hacer el duelo por mi salud, para reconocer el miedo y para sanar no solo físicamente, sino también emocionalmente.

Finalmente, en diciembre del 2021, decidí que necesitaba un respiro total. Viajamos a California donde amigos y familiares se encargaron de cuidarme, alimentarme y darme el amor que tanto necesitaba. Fue un bálsamo para el alma. Después de ese viaje, volví a sentirme yo misma, solo que más fuerte, más sabia y más agradecida que nunca.

EL NUEVO CAPÍTULO: FLORIDA Y LA PROMESA DE UN RENACER

Como lo compartí al principio de este capítulo, a principios de 2022, con energía renovada y tras una recuperación completa, llegó el momento de dar un nuevo paso que consistía en mudarnos a Florida y comenzar el capítulo que tanto habíamos planeado. Habíamos visualizado esta mudanza durante años, pero ahora, después de mi experiencia con el cáncer, supe que era el momento correcto.

En Tampa, encontré un centro oncológico de primer nivel que se ha encargado de seguir monitoreando mi salud. También me realicé pruebas genéticas, las cuales revelaron que no tengo predisposición hereditaria al cáncer. Esta noticia me devolvió una sensación de control y confianza en que tengo poder sobre mi bienestar.

DE SOBREVIVIENTE A LÍDER RENACIDA

Con una nueva perspectiva de vida, me comprometí a expandir el impacto que podía provocar. Asumí un nuevo rol profesional que me permitió liderar proyectos innovadores y crecer a nivel personal. Me integré como voluntaria en diversas iniciativas comunitarias, incluyendo el lanzamiento del Centro *Hispanic Star* de Tampa y la Comisión del Estado de la Mujer en mi condado. También he continuado apoyando a HISPA en el sur de Florida y me convertí en mentora para jóvenes latinas.

Uno de los logros que jamás imaginé alcanzar —pero que hoy me llena de orgullo— fue escribir este libro que tienes en tus manos. Lo que comenzó como una idea tímida, una nota en mi libreta, poco a poco se transformó en un proyecto lleno de propósito. El proceso no fue fácil: hubo dudas, pausas, emociones intensas y muchos momentos de vulnerabilidad. Pero también hubo claridad, guía, disciplina y una convicción profunda de que mi historia y mis herramientas podían servir a otros.

Este libro es más que un logro personal; es la confirmación de que **cuando te atreves a soñar en grande y te comprometes con acción intencional, incluso aquello que parecía imposible puede tomar forma**.

Hoy, más que nunca, creo que cada uno de nosotros tiene dentro de sí la capacidad de renacer, de reinventarse y de crear un legado con sentido.

DE SUEÑOS A DESTINO: UNA HISTORIA REAL DE RESILIENCIA

Este libro es el reflejo de mi vida, con sus altibajos, sus momentos de incertidumbre y sus triunfos. Cada historia que has leído es verídica, cada lección fue aprendida con esfuerzo, y cada paso ha formado parte de un camino que, aunque no siempre fue fácil, me llevó justo adonde estaba destinada a llegar.

A lo largo de este viaje, he comprendido que la vida no siempre sigue el plan que trazamos. Pero cuando confiamos en el proceso, cuando aprendemos a soltar el control y a aceptar lo que no podemos cambiar, el universo se encarga de guiarnos hacia donde realmente pertenecemos.

Si hay algo que deseo que recuerdes de mi historia, es esto:

No importa qué tan difícil sea el camino ni cuántas veces te tambalees. Si tienes la valentía de seguir adelante, la fe de que todo sucede por una razón y el coraje de pedir ayuda cuando lo necesitas, encontrarás el destino que está esperando por ti.

Cuatro años después de mi diagnóstico, celebro la vida con profunda gratitud. Mi historia es prueba de que incluso en nuestros momentos más oscuros, la luz de la esperanza sigue encendida, guiándonos hacia un nuevo amanecer.

No sé si habría comprendido verdaderamente el valor de soltar el control sin haber enfrentado el miedo y la incertidumbre que trajo un diagnóstico de cáncer, o sin haber vivido la angustia de sentirme sin hogar en ciudades desconocidas, sin un sistema de apoyo cercano, acompañada solo por mi esposo, nuestros tres hijos y nuestra mascota.

Esas experiencias, tan dolorosas como transformadoras, me enseñaron a mirar la vida con otros ojos. A valorar, como nunca antes, el inmenso privilegio de tener un hogar propio y la importancia vital de rodearse de un ecosistema fuerte de relaciones personales y profesionales.

Cada desafío enfrentado, cada oportunidad aprovechada, cada logro alcanzado y cada relación cultivada ha dado forma a una nueva versión de mí misma.

He aprendido que **reinventarse no es solo una opción, sino una necesidad** para crecer, sanar y avanzar. Hoy sigo aplicando los ocho principios hacia el éxito que comparto en este libro, y gracias a ellos, camino hacia el futuro con entusiasmo, confianza y la certeza de que, pase lo que pase, **siempre hay una nueva oportunidad esperando al otro lado del miedo**.

APLICACIONES PRÁCTICAS PARA UNA VIDA PLENA Y SALUDABLE

Mantener una buena salud física, emocional y mental es esencial para construir una vida equilibrada y con propósito. Independientemente del género, todos enfrentamos desafíos que requieren un enfoque proactivo, preventivo y consciente. A continuación, te comparto prácticas clave que pueden ayudarte a fortalecer tu bienestar integral:

Chequeos médicos preventivos

Las visitas regulares al médico permiten detectar condiciones de salud en etapas tempranas y construir una relación continua con los profesionales de atención. Realiza un chequeo anual con tu médico de cabecera y sigue las recomendaciones según tu edad, historial familiar y género.

Llevar un registro de citas y resultados facilita una atención más coordinada y eficaz.

Estilo de vida saludable

Incorpora actividad física regular, alimentación balanceada, descanso reparador y evita hábitos de riesgo como el tabaquismo o el exceso de alcohol. Estas decisiones diarias, aunque pequeñas, construyen bienestar sostenido a lo largo del tiempo.

Desapego emocional y bienestar mental

Aprender a soltar lo que no puedes controlar te libera del estrés crónico y te permite enfocarte en lo esencial. El mindfulness, la meditación, la aceptación y la escritura terapéutica son herramientas que fortalecen la resiliencia emocional.

Establece límites saludables, cultiva relaciones positivas y recuerda: pedir ayuda no es señal de debilidad, sino de sabiduría y amor propio.

La salud mental como pilar de tu bienestar

Cuerpo y mente están profundamente conectados. Cuida tu salud emocional con la misma responsabilidad que tu salud física: mantén hábitos positivos, busca espacios de desconexión, duerme lo suficiente y prioriza actividades que te den alegría y calma.

Si experimentas emociones persistentes que afectan tu calidad de vida, no dudes en buscar acompañamiento profesional.

Personalidades tipo A y B: reconocer, aceptar y equilibrar

Cada persona responde de forma distinta al estrés. Conocerte te permite ajustar tus hábitos y fortalecer tu bienestar.

- **Tipo A:** Organizadas, ambiciosas y orientadas a resultados. Tienden al perfeccionismo y al agotamiento. Aprender a desacelerar, delegar y disfrutar del presente es vital.
- **Tipo B:** Tranquilas, pacientes y flexibles. A veces postergan sus metas. Establecer objetivos claros y mantener la motivación activa les ayuda a avanzar con foco y constancia.

La verdadera transformación comienza en ti. Cuidar tu cuerpo, soltar el control cuando sea necesario y apoyarte en tu red de personas son actos de valentía que fortalecen tu bienestar y tu camino hacia una vida con sentido.

No puedes controlar todo lo que sucede, pero **sí puedes elegir cómo responder**.

Al combinar salud física, fortaleza emocional y autoconocimiento, te posicionas para enfrentar los desafíos con valentía, aprovechar las oportunidades con confianza y construir un destino que refleje tus sueños más profundos.

¿Cuál será tu primer paso para cuidar tu bienestar y transformar tus sueños en destino?

CONCLUSIÓN: CONVERTIR LOS SUEÑOS EN DESTINO

A lo largo de estas páginas, he compartido no solo mi historia, sino también la esencia de un viaje lleno de retos, aprendizajes y logros. Un camino que, con gratitud y humildad, hoy puedo mirar con orgullo.

Nací en una familia de clase media, fui la primera en asistir a la universidad, y enfrenté el desafío de dominar un idioma que no era el mío. Aun así, logré convertirme en vicepresidenta de una reconocida empresa financiera, mientras equilibraba una carrera corporativa con la maternidad de tres maravillosos hijos.

He recibido reconocimientos locales, nacionales e internacionales, he sido coautora de tres libros, he invertido en el mercado de valores y bienes raíces, y he cultivado un matrimonio amoroso durante más de 31 años.

Pero más allá de los títulos y los logros materiales, hay algo que valoro por encima de todo: haber convertido mis experiencias en herramientas para impactar la vida de otros, especialmente dentro de la comunidad hispana en los Estados Unidos.

He dedicado incontables horas al voluntariado, al empoderamiento de las minorías y a la promoción de la equidad e inclusión a través de comisiones estatales.

Nada de esto fue casualidad. Todo fue el resultado de tomar riesgos, planificar con intención y creer que mis sueños eran posibles.

Y si hay algo que deseo que te lleves de este libro, es esto:

Soy una persona común, como tú. Pero logré resultados extraordinarios aplicando los ocho principios que has descubierto en estas páginas.

Cada historia, cada ejercicio y cada lección que compartí no son teorías abstractas: son pruebas reales de que tú también puedes transformar tus sueños en tu destino.

Tu historia está en tus manos. Y el siguiente capítulo lo escribes tú.

8 PRINCIPIOS PARA TRANSFORMAR TU VIDA

Atrévete a soñar

No permitas que tus circunstancias actuales limiten tus aspiraciones. Soñar en grande fue lo que me permitió romper barreras que parecían imposibles. Tus sueños no están atados a tu situación actual, sino impulsados por tu visión y determinación.

Haz un plan

Cada paso que di hacia el éxito comenzó con un plan bien definido. Desde la compra de nuestra primera casa hasta ascender profesionalmente y construir mi propia empresa, todo inició con un mapa claro de hacia dónde quería ir.

Apégate al plan

El camino hacia tus sueños no será siempre recto ni sencillo. Habrá dudas, retrocesos y momentos difíciles. Pero la perseverancia es lo que convierte la visión en realidad.

Sé agradecido

La gratitud es una fuente de fortaleza interior. En los momentos más oscuros, agradecer por lo que sí tenía —mi familia, mi salud, mis aprendizajes— fue lo que me sostuvo y me abrió paso a nuevas bendiciones.

Eleva a los demás

Nada de lo que he logrado ha sido solo para mí. La verdadera plenitud llegó cuando comencé a apoyar a otros: como mentora, voluntaria y líder comunitaria. Cuando elevas a otros, tu propio crecimiento se multiplica.

Siéntete bien

El éxito también implica disfrutar el presente. Cuidar tu bienestar emocional, reír más, descansar sin culpa y encontrar alegría en lo cotidiano es parte fundamental de vivir una vida con propósito.

Encuentra tu tribu

Nadie llega lejos solo. Mi camino estuvo lleno de mentores, colegas y familiares que creyeron en mí cuando yo misma dudaba. Rodéate de personas que te impulsen a crecer y a brillar.

Deja ir

El verdadero poder surge cuando sueltas lo que no puedes controlar. Aprendí que rendirse al proceso no es debilidad, sino confianza. Aceptar lo incierto me dio paz y me permitió avanzar con libertad.

PENSAMIENTOS FINALES: ¡CONQUISTA TU DESTINO!

Si hay una verdad que quiero que recuerdes es esta:

Todo lo que sueñas es posible... si tomas acción.

No importa cuántas veces tropieces. Lo que realmente importa es que sigas avanzando. Los sueños no se cumplen por arte de magia: se construyen con valentía, constancia y fe.

Y si algo me impulsa cada día, es este gran sueño que llevo en el corazón: **ayudar a cumplir un millón de sueños** a través de los 8 principios y metodologías que has descubierto en estas páginas.

Porque cuando uno se atreve a soñar, inspira a otros a hacer lo mismo.

Ya sea que estés en una encrucijada, comenzando de nuevo o enfrentando un desafío... da el primer paso. Atrévete a imaginar una vida más grande de lo que hoy crees posible. Luego, planifica, actúa... y no te detengas.

El universo tiene reservado un destino maravilloso para ti.

Sigue tu estrella polar. Elige tu camino. Y ve tras la vida que mereces. Tu destino te espera... ¡ve y conquístalo!

ACERCA DE LA AUTORA

Claudia es una visionaria de las posibilidades. Conecta personas, inspira acción y transforma desafíos en oportunidades. Es conferencista internacional, autora, y una galardonada defensora de la diversidad, la inclusión y el liderazgo consciente. Como fundadora de **Elevink, LLC**, una empresa de impacto social, Claudia se dedica a ampliar la inclusión y asesora a nuevos líderes y a quienes buscan claridad y propósito en sus trayectorias profesionales.

Ha compartido su inspiradora historia y su fórmula para el éxito en instituciones de prestigio como **la Universidad de Princeton, la Wharton Business School, Rutgers y Yale**. Su voz de liderazgo también se refleja en publicaciones notables como *Today's Inspired Latina Vol. 5, Hispanic Stars Rising* y *Today's Inspired Leader Vol. 3*.

En 2024, Claudia fue reconocida con el título de **Doctor Honoris Causa por la Organización Mundial de Líderes**, por su destacada trayectoria profesional, su impacto comunitario y su incansable labor por empoderar a la comunidad hispana en los Estados Unidos y más allá. A lo largo de los años, ha recibido numerosos reconocimientos, entre ellos, **Premio Latina de Influencia** de *Hispanic Lifestyle* (2020), **Red Shoe Movement Leader Award** (2020), **Premio Mujeres Brillantes** de *Prospanica* (2020), **Campeona del Año** de *HISPA* (2018)

Claudia forma parte de varios consejos de administración. Actualmente es comisionada en la **Comisión sobre la Condición de la Mujer del Condado de Pasco** y dirige el **Hispanic Star Tampa Hub**, donde continúa creando redes de impacto con un enfoque intergeneracional y multicultural.

Es **licenciada en Psicología** y posee un **Máster en Gestión Organizacional**. Además, cuenta con certificaciones en **Gestión de Proyectos, Six Sigma Black Belt** y metodologías ágiles, lo que refuerza su compromiso con la excelencia y el aprendizaje continuo.

www.ingramcontent.com/pod-product-compliance
Lightning Source LLC
Chambersburg PA
CBHW062058080426
42734CB00012B/2688

* 9 7 9 8 9 9 9 0 5 9 5 0 5 *